Traumbrüder

Erster Teil

Chez Alphonse (Sympathia)

Die Tür ging quietschend auf und Maxim trat ein.
Rauch, überall heisser, stickiger, grauer Rauch. Eine Wolke aus
Qualm erfüllte den düsteren, schmalen Raum. Wenig Kerzenlicht,
viele Männer. Mittendrin eine völlig überforderte Serviertochter.
Schweissnass ihr Gewand, leer ihre Mimik. Man konnte ihr die
Überanstrengung im Gesicht ansehen. Der starke Regen prallte
an den dunklen Fensterscheiben ab. Der Fussboden, welcher vor
lauter Beinen kaum noch zu erkennen war, erschien dreckig und
nass. Alles bestand aus Holz. Der Boden, die Decke, die Wände, ja
sogar der Tresen, waren allesamt aus diesem dunklen, massiven
Holz. Die Männer sprachen lauthals durch den völlig überfüllten
Raum. Es war ein komplettes Chaos, niemand verstand wirklich
des Nachbars Worte. Begriffe wie „Neue Zeit", „Nieder mit der
Lilie" oder „Wir sind alle gleich" ertönten im hallenden Raum.
Diese Männer versuchten, um gehobener auszusehen, auf ihren
Kleidungstil zu achten. Die Meisten stammten jedoch, wie Maxim
schnell an ihrem Verhalten bemerkte, aus einfacheren
Verhältnissen.
Einer fiel jedoch direkt auf, er sass am hintersten Tisch des
Raumes. Er verzehrte gerade genüsslich etwas, das aussah wie
eine Entenbrust mit Kartoffeln. Maxim floss das Wasser im Mund
zusammen, er hatte nämlich seit dem Anfang des Tages nichts
mehr gegessen.
Doch nicht der Hunger führte ihn zum geheimnisvollen Mann
nach hinten, sondern die Neugier. Er wunderte sich über das
merkwürdige Verhalten, dieses allein sitzenden Herren. Maxim
brachte seine nassen Schuhe in Bewegung und lief gradlinig zum
hintersten Tisch.

„Keine Lust, euch auch am Gespräch zu beteiligen, werter Herr?",
fragte Maxim ohne Scheu.

Der unbekannte Herr hob sein Haupt in Richtung Maxim und schaute ihn verwundert an.

„Wer sind Sie?", entgegnete er.

„Maxim Julien Lefort, man nennt mich aber Maxim. Und Sie?"

„Auf Nathaniel Delon wurde ich getauft, doch man nennt mich Nathan. Was treibt Sie in ein solch schäbiges Lokal?"

Maxim lächelte und sagte: „Ich hatte Hunger und das war das Nächste, was mir ins Auge fiel bei diesem Unwetter. Aber kommen wir doch auf meine erste Frage zurück. Was tun Sie hier so alleine, ohne Interesse an den Gesprächen?"

Nathan legte, leicht grinsend, Messer und Gabel hin und bat Maxim sich zu setzen.

Maxim setze sich hin und wiederholte die Frage.

Nathan antwortete: „Wollen Sie das wirklich wissen?"

„Ja, darum frage ich."

„Hören Sie mir zu, Monsieur Lefort. Wenn Sie mich fragen, haben diese naiven Kerle hier keine Ahnung, wovon sie sprechen. Die hören sich doch nicht mal gegenseitig zu und sie sprechen in einem widerlichen Ton. Noch dazu sind die meisten von ihnen betrunken.

Sie mögen gute Gedankengänge und Ideen haben, jedoch keinen blassen Schimmer von der Umsetzung. Sie brauchen gescheite Mitstreiter. Ich kann da nicht zuhören."

Maxim zündete sich eine Pfeife an und zog genüsslich zwei Mal daran, bis er fragte:

„Wie sehen Sie denn die aktuelle Lage Frankreichs?"

„Direkte Frage!"

„Ich weiss, das ist meine Art."

Die beiden lachten und spürten sofort Sympathie füreinander.

In diesem Moment kam gerade die Serviertochter an den Tisch und fragte, ob Maxim etwas bestellen wolle.

Er erwiderte: „Ich nehme gerne eine Gemüsesuppe. Und haben Sie einen guten Roten?"

„Den Bordeaux würd ich empfehlen."

„Exzellent! Bringen Sie mir einen guten Tropfen davon."

„Sehr wohl, der Herr."

Nathan schaute ihn bestürzt an und sagte: „Ich hasse Wein."

Maxim blickte auf den Tisch und bemerkte erst jetzt den Krug Bier. „Ah, wie ich sehe, bevorzugen Sie eher den Gerstensaft."

„Genau."

Und wiederum lachten die beiden.

Es ging nicht lange, da stand das müde aussehende Servierfräulein wieder bei den zwei Herren und brachte den Wein.

Sie unterbrach ihr Gespräch: „Hier der Bordeaux, ich hoffe er mundet."

Maxim entgegnete: „Was macht ein junges, hübsches Weib wie Sie in einem solchen Drecksloch wie diesem?"

„Ich bin schon 34 Jahre alt und noch nicht verheiratet, da muss man schauen, wo man bleibt und nehmen, was sich anbietet."

„Verstehe", sagte Maxim und legte ihr zwei Sous hin.

„Kaufen Sie sich damit etwas Schönes."

„Ich danke Ihnen, gnädiger Herr", flüsterte sie und lief geschwind zurück in die Küche.

Maxim und Nathan sprachen noch in die tiefe Nacht hinein und verliessen das Lokal „Chez Alphonse" als Letzte.

Beschwerlich Kind sein (Ignorantia)

„Bring mir neue Tinte, Sohn. Dieser Brief muss heute noch Avignon verlassen."

„Ist gut, Papa."

Maxim brachte seinen kleinen, wendigen Körper in Bewegung, lief geschwind aus dem Arbeitszimmer und ging die quietschende Holztreppe hinunter, um seinem Vater die Bitte zu erfüllen. Seine langen, lockigen Haare schwangen im Takt hin und her. Im unteren Stock befand sich der Porzellanladen der Familie.

Es war Abend, daher war es überall dunkel, doch Maxim fand sofort die Theke.

Der Junge öffnete hektisch eine der Thekenschubladen nach der anderen, bis er in der untersten fündig wurde. Vorsichtig prüfte er zuerst, ob der Verschluss auch wirklich gut zu war, bevor er das schwarze, gläserne Tintenfässchen aus der Schublade herausholte.

Um ihn herum standen hohe, hölzerne Regale, welche bis oben mit den verschiedensten Tellern und Schalen aus feinstem Porzellan gefüllt waren.

Langsam lief der Achtjährige, mit stetigem Blick auf das Fässchen, zurück nach oben ins Arbeitszimmer seines Vaters.

„Ah, da bist du ja! Gib her, gib her", rief Maxims Vater gestresst und riss Maxim die Tinte aus der Hand, so dass einige Tropfen auf dem Teppich landeten. Der Vater schrieb direkt los und war nicht mehr zu bremsen.

Es geschah öfters, dass Maxim beobachtete, wie sein Vater etwas Seltsames tat wie jetzt, doch Maxim fragte nie nach, dafür war er zu schüchtern.

Maxim wusste auch jetzt nicht, was sein Vater so frenetisch schrieb.

Das Einzige, was er auf dem Brief erkennen konnte war das Datum oben rechts. „Avignon, den siebten Mai 1758", las der junge Knabe leise für sich, doch mehr konnte er nicht erkennen. Der Vater verdeckte mit seinen Armen den halben Brief. Er sah nur noch wie sein alter Herr den Brief am Schluss mit einem rot-blauen Siegel verschloss. Maxim kannte das Siegel nicht, denn es war nicht das Siegel des Geschäftes, aber auch danach traute sich Maxim nicht zu fragen. Der Vater stand auf und eilte aus dem Zimmer. Von unten hörte ihn Maxim nur noch rufen:

„Ich komme gleich wieder, ich muss nur diesen Brief irgendwie noch zur Post bringen. Ich bin gleich zurück, Maxim. Sag's noch Mutter!"

Dann hörte Maxim, wie die Haustüre zuging. Sofort ging der Knabe ins Schlafzimmer seiner Eltern, welches links neben dem Arbeitszimmer, des Vaters war. Er blickte ins Zimmer und sah, dass seine Mutter schon schlief, daher weckte er sie nicht unnötig und lief zurück ins Arbeitszimmer wo er nach Hinweisen stöberte. Der Tisch war voll mit Papieren, aber Maxim konnte wenig entziffern, weshalb er schnell merkte, dass er hier und jetzt keine neuen Aufschlüsse über Vaters mögliche Geheimnisse erhalten würde.

Da es ein Sonntagabend war, wusste Maxim, dass er morgen wieder Unterricht hatte. Allerdings ging er nicht zur Schule, sein Vater bestand darauf, dass Maxim zu Hause privat unterrichtet wurde, damit er sich auf die Mithilfe im Laden konzentrieren konnte. Ausserdem sollte der Sohn eines Tages das Geschäft übernehmen. Für Maxim war sein Vater ein Vorbild, er wollte später mal so sein wie er.

Maxim lief aus dem Arbeitszimmer hinaus und ging den schmalen Hausgang nach hinten in sein Zimmer, denn er war müde. Er blieb zwischen der Türe stehen und schaute hinein. Sein Zimmer war nicht wirklich gross und es hatte auch nur das Nötigste darin. Ein kleiner Tisch mit einem weissen Tischtuch stand in der Mitte. An der Wand befand sich ein weisser Schrank in dem er seine Bücher und seine Kleider verstaute. In der hinteren Ecke stand sein Bett, es war ein altes Bett aus Holz. Neben dem Bett war noch ein kleiner Nachttisch, auf dem eine Kerze und seine momentane Lektüre platziert waren. Maxim las gerne und gut für sein Alter. Durch die Bücher konnte er in andere Welten flüchten, wenn ihm seine eigene Welt gerade nicht gefiel. Er seufzte leise, lief zum Bett und liess sich dann erschöpft fallen. Für einen Achtjährigen war Maxim sehr selbstständig, was er auch sein musste, da seine Eltern den ganzen Tag mit dem Führen des Ladens beschäftigt waren. Seine Mutter stand unten an der Kasse, sein Vater übernahm das Geschäftliche im Hintergrund und Maxim machte gerade das, was es zu erledigen gab. Er half zwar nicht wirklich sehr gerne im Laden, aber er verstand, dass es notwendig war. Zudem wollte er seinem Vater auch nicht widersprechen. Das Geld war zwar nicht unbedingt knapp, doch Maxim sah sich hierarchisch klar seinem Vater untergeordnet, weswegen er sich der Arbeit auch nie widersetzte und seinem Vater stetig mit Respekt begegnete.

Neben dem Arbeiten im Laden und dem Unterricht blieb dem Jungen nur wenig Freizeit, welche das Einzelkind vor allem mit Lesen verbrachte. Er kannte nur wenige andere Kinder aus der Nachbarschaft, da er ja nicht zur Schule ging und sowieso lieber im Haus war.

Müde schlüpfte er aus den Schuhen, zog seine Pelzjacke aus, pustete die schon fast heruntergebrannte Kerze aus, bedeckte seinen kleinen Körper mit der Daunendecke und machte die Augen zu.

Nach einer Weile schlief Maxim immer noch nicht, denn er hörte Geräusche aus dem Keller. Er rieb sich seine Augen und hörte genauer hin. Es waren Männerstimmen und eine der Stimmen war die seines Vaters, da war er sich sicher. Doch wer war bei ihm? Maxims Neugier weckte seine Entdeckungslust und er war gar nicht mehr müde, auf ein Mal war er hellwach.

Er schlüpfte in seine Schuhe und lief zur Treppe. Es war sehr dunkel, Maxim konnte kaum etwas sehen. Da er das Haus aber wie seine Westentasche kannte, fiel ihm die Orientierung nicht allzu schwer. Er lief vorsichtig die alte Treppe hinunter in den Laden, wo er an den Theken vorbei lief und eine noch ältere, hölzerne, verstaubte und quietschende Türe öffnete, um hinunter in den Keller zu gelangen. Unten an der zweiten Kellertüre, hinter welcher sich die Herren aufhielten, angekommen, versuchte er an der Türe lehnend die Gespräche drinnen zu belauschen. Maxim war sich jetzt ganz sicher, dass eine der Stimmen die seines Vaters war. Zudem klang einer der anderen Männer wie sein Privatlehrer Pierre Lafayette. Maxims Blick wurde versteifter, das ganze war rätselhaft. Was tat sein Lehrer Pierre mit seinem Vater mitten in der Nacht im Keller? Als Maxim der Sache gerade auf den Grund gehen wollte, packte ihn eine Hand an der Schulter und eine zweite Hand hielt ihm den Mund zu. In diesem Moment blieb Maxim das Herz stehen. Die Person drehte Maxim zu sich um und der Junge erkannte seine Mutter in der Finsternis. Maxim fiel ein Stein vom Herzen, doch er war immer noch in Schockstarre. Mit einem Handzeichen machte ihm seine Mutter klar, er solle still sein und sie liess ihn los. Die Mutter lief die Treppe zurück nach oben und Maxim folgte ihr vorsichtig. Seine Mutter lief ziemlich schnell, doch sie achtete auf ihre Schritte, um keine unnötigen Geräusche zu verursachen. Dann lief sie in Maxims Zimmer und Maxim folgte ihr.

„Was hast du bitteschön im Keller gemacht junger Mann?", flüsterte sie mit böser Stimme.

„Das war doch Papa. Unten im Keller. Das war doch er, oder?", antwortete Maxim.

Seine Mutter schaute ihn böse an und zögerte mit ihrer Antwort bis sie entgegnete:

„Ehm, es ist mitten in der Nacht. Zu dieser Stunde hast du nichts im Keller verloren, da hast du zu schlafen. Ausserdem ist morgen wieder Unterricht."

„Apropos Unterricht, war Monsieur Lafayette auch unten?"

Seine Mutter riss die Augen auf und sagte lauter:

„So, jetzt gehst du schlafen!". Anschliessend packte sie seinen Arm und brachte ihn zu seinem Bett.

„Ich möchte keinen Mucks mehr hören von dir, verstanden?"

„Ja."

„Gute Nacht und schlaf jetzt."

Maxim sagte nichts mehr und schaute noch zu wie seine Mutter hinauslief und die Türe zumachte. Danach schloss er die Augen und schlief sofort ein.

Am nächsten Morgen erwachte der Junge früh, denn er hatte schlecht geträumt. Er zog sich neue Kleider an und lief in die Küche, wo seine Mutter bereits Teewasser auf dem Feuer kochte.

„Möchtest du auch welchen?", fragte sie zögerlich.

„Ja, gerne", entgegnete Maxim.

Während dem ganzen Frühstück herrschte Ruhe. Man hörte nur das wertvolle Porzellan klimpern. Es war vielleicht auch deswegen so still, da Maxims Vater nicht da war.

Maxim wollte wissen, wo sein Vater war, vor allem nach den seltsamen Geschehnissen von gestern. Er versuchte aber das Gespräch mit seiner Mutter zu meiden.

Gerade als Maxim sein Butterbrot zu Ende gegessen hatte, sah er seinen Lehrer Pierre mit seinem Vater die Treppe hinaufkommen.

„Ah, guten Tag Maxim", sagte Pierre.

„Guten Tag, Monsieur", antwortete Maxim.

Maxims Vater stand daneben und schaute den Jungen fast absichtlich nicht an.

Nach einigen Sekunden des Schweigens sagte der Vater dann aber zu Maxim:

„Ich habe Monsieur Lafayette die Tür geöffnet, damit ihr so schnell wie möglich mit dem Unterricht beginnen könnt. Wenn deine Mutter den Tisch geputzt hat, könnt ihr hier lernen. Wir sind dann wie immer im Laden beschäftigt."

In Pierres Blick war Müdigkeit zu erkennen.

„Geh schon mal dein Zeug holen, Maxim", sagte Pierre und Maxim lief los.

Die Sonne schien sehr stark über Avignon und Maxim sass direkt am Fenster, was ihm die Konzentrationsfähigkeit auf den Unterricht erheblich erschwerte. Nach einigen Diktaten war jetzt

Mathematik an der Reihe. Es war bereits elf Uhr und Maxim konnte sich einfach nicht auf die Bücher und auf den Unterricht konzentrieren. Er hatte auch keine Lust. Er schaute stattdessen lieber den Schwalben draussen zu. Er bewunderte ihre Fähigkeit zu fliegen. Wenn ihnen unten alles zu lärmig wurde, konnten sie einfach nach oben in die Lüfte entfliehen. Dort hatten sie ihre Ruhe. Sie waren vollkommen frei. Es gab Niemanden, der ihnen etwas zu sagen hatte. Sie hatten keinerlei Einengungen in ihrem Leben. So eine Fähigkeit wollte Maxim auch besitzen. Er beneidete die Schwalben. Er beneidete jedes flugfähige Wesen. Es war sein Traum, auch nur einmal im Leben fliegen zu können. Dafür hätte er alles gegeben. Maxim war wie versteinert und murmelte leise und mehrfach das Wort „Freiheit" vor sich hin.

„Was gibt 30 durch sechs?", fragte Pierre.

Keine Antwort.

„Was ergibt 30 durch sechs, Maxim? Ich möchte es nicht noch einmal fragen!", wiederholte Pierre gähnend.

„Oh, Entschuldigung Monsieur Lafayette. Ich hab nicht zugehört. Was war die Frage?"

„Was ist denn los mit dir? Du bist sonst nie so gelangweilt."

„Kennen Sie meinen Vater?"

„Natürlich. Ich unterrichte ja seinen Sohn."

„Nein, ich meine kennen Sie ihn auch sonst persönlich? Besuchen Sie ihn auch, wenn Sie keinen Unterricht mit mir haben?"

Pierre schluckte seinen Speichel herunter und wischte sich einige Tropfen Schweiss von der Stirn, bis er stotternd sagte:

„Nein, wieso sollte ich? Nein. Das ist. Das. Ehm, nein. Ich kenne ihn sonst nicht. Nein."

Er wiederholte sich ständig, ohne Maxims Frage wirklich zu beantworten.

Maxim dachte innerlich nochmal an die Stimme von gestern im Keller und war sich sehr sicher, dass es Pierres Stimme gewesen war.

„Wie wär's wenn wir eine Pause machen? Ein bisschen frische Luft würde dir sicher gut tun", sagte Pierre laut und schickte Maxim heraus.

Als Maxim die Treppe herunterlief, um nach draussen zu gehen, lief Pierre ins Arbeitszimmer vom Vater.

Im Arbeitszimmer sass Maxims Vater auf dem Sessel.

Pierre sagte: „Denis, weiss der Junge etwas?"

„Nein, natürlich nicht, aber meine Frau hat mir gesagt, dass er gestern rumgeschnüffelt hat. Wir waren wohl zu laut."

„Ah, jetzt versteh ich seine Fragen von vorhin. Er ist zwar nur dein Sohn, aber du weisst, dass Kinder ihre Klappe nicht halten können. Wenn jemand erfährt, was wir tun, sind wir tot. Das weisst du!"

„Ich weiss Pierre. Beruhig dich!"

„Gut, Denis", sagte Pierre leise und kratzte sich am Kopf.

„Ich gehe jetzt", fuhr Pierre fort „es macht keinen Sinn mehr heute, Maxim ist zu müde."

„Also gut. Wir sehen uns."

„Adieu, Denis."

„Komm gut nach Hause, Pierre. Adieu."

Nickend verliess Pierre das Zimmer und lief die Treppe hinunter. Beim Verlassen des Ladens zündete er sich eine Pfeife an und sagte dem draussen vor dem Laden sitzenden Maxim, dass er wieder nach drinnen gehen könne, es sei nämlich für heute Schluss.

Maxim ging hinein und machte den ganzen restlichen Tag nichts Produktives mehr. Es war ein Tag, der dem Jungen wieder einmal mehr Fragen aufgeworfen hatte, als dass er beantworten konnte...

Gefühlschaos (Invidia)

Zur gleichen Zeit im gleichen Land, aber an einem anderen Ort lebte in einer kleineren fast perspektivlosen Welt ein Jungerwachsener namens Nathaniel Delon. Er hatte seit seiner Geburt ein scheussliches Leben geführt, immer knapp an Mahlzeiten und an der Grenze der körperlichen Anstrengung. Sein Schicksal hatte ihn zu einer Bauernfamilie geführt. Vor 16 Jahren war er von Élaine Delon auf die Welt gebracht worden und wusste noch nicht, welch spannendes Leben ihm vorbestimmt war.
Die Sonne hoch am Horizont übertraf sich selbst wieder einmal in ihrer Funktion als brennende Leuchtkugel, die mit ihren feuerheissen, kräftigen Strahlen die Ländereien von Domme erwärmte. Domme war ein kleines Dorf im Südwesten Frankreichs und die Gegend um Domme bewährte sich, durch die vielen Ländereien und die hügligen Landschaften, perfekt für Acker- und Weinbauern. Die Delons verrichteten ihre Arbeit als tüchtige Ackerbauern.

Für Nathan stand wieder einmal ein gewöhnlicher Arbeitstag bevor. Am frühen Morgen musste er in den Stall, in dem sie auf Grund der knappen Einkünfte nur noch wenige Kühe hatten. Er brachte die Tiere auf das in der Nähe gelegene Brachland, damit sie sich mit dem trockenen, eher strohähnlichen Gras vollfressen konnten. Nach dieser Arbeit musste Nathan zurück in den mit Mist und Dreck gefüllten Stall und begann mit dem Misten. Den Rest vom Tag verbrachte er meistens mit Feldarbeit, wenn er sich nicht gerade mit unvorhersehbaren Arbeiten beschäftigte, wie kaputte Zäune zu reparieren oder im Haushalt zu helfen, weil die Mutter verhindert war. Am Dienstag sah es jeweils etwas anders aus. An diesem Tag musste er in den Wald gehen und Holz klauben. Dies war eine seiner bevorzugten Tätigkeiten in seinem armseligen Leben, da er sich im Wald immer gut erholen konnte, indem er auf dem weichen, leicht feuchten und teilweise mit Moos überzogenen Waldboden vor sich hinging, den Vögeln beim Singen zuhörte oder Ameisen dabei beobachtete, wie sie ihr Futter solidarisch sammelten und sich gegen Feinde verteidigten. Nathan bewunderte die Ameisen, so brüderlich und sich füreinander einsetzend war keine der ihm bekannten Spezies. Es war für ihn auch sehr erholsam, einigen Blättern der Bäume zuzusehen, wie sie sich im Winde bewegten. Wenn der Wind stark genug blies, konnte man dem sanften Rauschen zuhören. Die Bäume faszinierten ihn ohnehin, seit er mit dem Holzsammeln angefangen hatte. Er hatte vernommen, dass ein Baum, der einen sehr dicken Stamm hatte, schon sehr alt sei. Ob dies wirklich stimme, fragte sich Nathan jedes Mal, wenn er sich wieder im Wald bewegte. Er sah manchmal Bäume, deren Stümpfe sogar dicker als der Umfang des grossen, runden hölzernen Tisches in der Stammkneipe „Lion" waren, an dem die Freunde seines Vaters, sein Vater Paul und er jeweils freitags bis ins Morgengrauen politisierten und debattierten. Was dieser Baum wohl alles schon erlebt hatte, wie viele Menschen ihn vor Nathan schon gesehen hatten, wenn diese Annahme stimmte. Solche und ähnliche Gedanken gingen Nathan immer wieder durch den Kopf, wenn er durch den Wald streifte. Bevor Nathan schliesslich eine kleine Lichtung in der Waldmitte erreichte, entdeckte er etwas, was er in diesem Wald noch nie gesehen hatte. Eine silbern-leuchtende Fläche im grünen Dickicht stach ihm in das Auge. Nathan konnte es aus der grossen Distanz nicht genau erkennen und beschloss, näher heranzugehen. Er war sehr neugierig und überlegte sich schon, was es wohl sein mochte. Vielleicht ein liegender Wolf? Dies schloss Nathan jedoch schnell aus, während er sich näherte. Als er nahe genug dran war, bot sich ihm ein wunderschöner Anblick. Ein solch friedvolles und emotionales Bild wie dieses, hatte er in seinem Leben noch nie betrachten dürfen. Eine Dachsmutter gebar gerade ihren dritten und letzten Säugling. Nathan war überwältig und hoffte, dass sich dieser Moment ins Unendliche verlängern würde. Er war beinahe süchtig nach diesem Gefühl, welches er selbst kaum zu beschreiben vermochte. Es kam ihm vor, als würde sein Herz anfangen zu brennen und dann die produzierte Wärme auf den ganzen Körper verteilen. Nathan stand wie angewurzelt da, vergass alles um sich und beobachtete das wundervolle Geschehen. Er hatte immer noch das gewaltige Bild vor Augen, wie sich das kleine, unschuldige Wesen in die kalte Welt hinauskämpfte. Sein hellgrauer Körper noch so fein und nass, nicht grösser als einer der Tannenzapfen, welche auf dem Waldboden haufenweise herumlagen, seine kleinen Äuglein noch geschlossen, das kleine dunkle Stubsnäschen war jedoch schon vorhanden. Es erstaunte ihn, dass das Neugeborene sich, auch ohne Sehen zu können, gut orientierte und immer wieder zu der Mutter fand. Er betrachtete dieses Spektakel noch einen kleinen Moment und begab sich dann wieder auf den Weg, um seiner geplanten Tätigkeit im Wald nachzugehen. Während er Holz sammelte, merkte er erst, wie viel Zeit er durch das Ereignis mit der Dachsgeburt verloren hatte. Er musste sich beeilen, weil er nicht zu spät nach Hause kommen durfte. Er konnte die Hölzer, die er brauchen würde, nicht mehr sammeln und rannte mit einem leicht mulmigen Gefühl durch den Wald, bis er schweissgebadet vor seinem vertrauten Zuhause stand. Nathan spürte, dass er zu spät war und hoffte, dass er nicht zu stark zusammengestaucht würde. Disziplin war vor allem dem Vater sehr wichtig. Er sagte immer: „Wer keine Disziplin besitzt und alles stur alleine durchzieht, ohne auf andere Rücksicht zu nehmen, lebt auf ewig alleine." Nathan war eigentlich ein sehr disziplinierter Junge, denn er gehorchte den Eltern immer. Dadurch verspürte er im Moment auch ein wenig Angst und war enttäuscht von sich selbst.

Als Nathan die Haustüre mühsam leise aufmachte und sich in das Haus schlich, schrie eine Männerstimme durchs Haus:
„Nathaniel Delon, komm sofort in die Küche."

Nathan zuckte erschrocken zusammen und antwortete:
„Jawohl, mein Herr".

Mit gesenktem Haupt ging er in Richtung Küche und wagte es kaum, den Vater anzublicken. Paul sass an dem kleinen, schäbigen Holztisch, den sie jeweils für das Einnehmen der Mahlzeiten verwendeten.

„Wieso bist du zu spät?", fragte der Vater mit grimmiger Stimme.

„Ich liess mich im Wald zu stark von den Tieren und Pflanzen ablenken und konzentrierte mich nicht auf das Wesentliche. Ich muss mich bei Ihnen entschuldigen", erwiderte Nathan eingeschüchtert.

„Nathan, du weisst, wie wichtig Disziplin im Leben ist, du weisst, wie wichtig Disziplin in unserer Familie ist und du weisst, wer keine Disziplin besitzt und macht, was und wie er will, lebt auf ewig alleine".

„Ja mein Vater, Sie liegen komplett richtig."

„Wiederhol es!", forderte Paul mürrisch.

Mit furchtsamer Stimme wiederholte Nathan Wort für Wort, was sein Vater ihm vorgesprochen hatte.

„Du bist ab heute für eine Woche alleine für den Abwasch nach dem Essen verantwortlich. Morgens und abends, hast du das verstanden? In einer Woche sprechen wir noch ein Mal darüber. Übrigens, heute hast du dir dein Nachtessen ganz sicher nicht verdient. Du kannst zurück in dein Zimmer gehen und weiter herumträumen."

Es war lange her, dass sein Vater ihn das letzte Mal so heftig beschimpft und auch noch bestraft hatte. Aber Nathan war dies im Moment gerade egal. Mit leerem Magen lief er den schmalen und kurzen Flur entlang, bis er zur Treppe auf der rechten Seite kam. Nathan war mit seinen Gedanken wieder bei der Dachsfamilie und schaute gar nicht, wo er hintrat. Die Treppe sah nämlich sehr herunter gekommen aus, da viele der Holzstufen schon fast morsch waren. Eigentlich war das ganze Haus in keinem guten Zustand mehr, weil es einerseits vor vielen

Jahren gebaut worden war und man andererseits sehr billiges und schlechtes Material verwendet hatte. Das Haus bestand eigentlich ausschliesslich aus Holz, ausser ein Teil der unteren Hauswand, der Kamin und natürlich die etlichen Fenster. Sonst war alles aus diesem dunklen, halbmorschen Eichenholz, die Möbel samt Bett, der Hausboden, der kleine Balkon im zweiten Stock und auch die Decke. Viele Räumlichkeiten besass das Haus nicht. Nathan hatte seinen eigenen Schlafraum mit einem Bett und einem einfachen Kleiderkasten an der Wand, das Gleiche galt auch für seine Eltern. Im unteren Stock gab es einen grossen Raum, der hauptsächlich als Stall für die Kühe genutzt wurde. Eine dünne Wand trennte Stall und Küche voneinander. Durch die Küche gelangte man in eine kleine, gemütliche Stube, in der sich ein Kamin, ein alter Holzsessel und ein Wolfspelz befanden. Das Fell des Wolfes, welches an der Wand befestigt war, hatte Paul persönlich verarbeitet. Er war sehr stolz gewesen, als er eines Tages mit einem toten Tier auf dem Rücken von der Jagd nach Hause gekommen war und ihm danach das Fell abgetrennt hatte, um die Stube etwas zu verschönern.

Als Nathan sein Zimmer erreicht hatte, zog er sich bis auf die Unterhosen aus und legte sich zu Bett. Einen solch abwechslungsreichen Tag hatte er schon lange nicht mehr erlebt. Im Bett merkte er erst, dass ihm der Tag viel Kraft gekostet hatte. Dadurch schlief er schnell ein.

In den nächsten Tagen kehrte wieder Ruhe in Nathans Leben ein. Er verbrachte bis am Sonntag seine herkömmlichen Bauernalltage. Am Sonntag arbeiteten die Delons nie. Eigentlich arbeitete niemand am Sonntag. Da die Delons dem christlichen Glauben sehr stark vertraut waren, gingen sie jeden Sonntagmorgen die Predigt besuchen. Die Geschichten, welcher der Pfarrer jeweils erzählte, interessierten Nathan nicht besonders. Was er an der Kirche aber so schätzte, war die friedliche Atmosphäre im Saal und auch das Einheitsgefühl der

Gemeinschaft, welches jedes Mal entstand, wenn sich das Gotteshaus füllte. Und wieder erinnerte er sich an die brüderlichen Ameisen. Natürlich war Nathan ein felsenfest überzeugter Christ und glaubte an Gott und seinen Sohn. Da er so erzogen worden war, kannte er gar nichts anderes. Aus einigen Geschichten wurde er jedoch teilweise einfach nicht ganz schlau. Dies war heute aber ganz anders. Der Dorfpfarrer erzählte nämlich die Geschichte von Kain und Abel aus der Bibel, Genesis 4,1-24. Diese Geschichte berührte Nathan sehr; er konnte sich selber nicht erklären, warum dies so war. Als der Gottesdienst zu Ende war, ging die Familie wieder zurück in ihr Bauernheim. Nathan durfte sich ein bisschen im Bett erholen.

„Nathan, es gibt Abendessen, komm bitte runter", ertönte es nach einigen Stunden aus der Küche. Nathan ging rasch herunter und bedankte sich sofort bei der Mutter für die Mahlzeit, die sie zubereitet hatte. Nathan störte es nicht, dass Élaine oft die gleichen Gerichte kochte. Heute gab es zum zweiten Mal hintereinander den Gemüseeintopf, welchen Élaine gestern schon gekocht hatte und dessen Rest sie einfach auf dem Feuer aufgewärmt hatte. Vor dem Essen sprach die Familie natürlich noch das Tischgebet, das meistens aus dem „Vater Unser" bestand. Der Eintopf schmeckte Nathan nicht besonders, denn er war für seinen Geschmack ein bisschen fad. Für ihn war das Essen aber generell nicht so wichtig, weshalb er gut mit den einfachen Essgewohnheiten seiner Familie leben konnte. Er war froh, überhaupt etwas im Magen zu haben. Nach dem Essen musste Nathan noch seine Strafarbeit erledigen und den Abwasch alleine bewältigen. Als er dann mit dem Saubermachen fertig war, wünschte er seinen Eltern, die es sich in der Stube bei brennendem Kamin noch gemütlich gemacht hatten, eine gute Nacht und ging schlafen.
Auch in den nächsten Wochen lebte Nathaniel sein gewöhnliches Bauernleben weiter. Montag, Mittwoch, Donnerstag, Freitag und

Samstag die üblichen Stall- und Feldarbeiten. Am Dienstag ging er anstatt der Feldarbeit im Wald Holz sammeln, am Sonntag den Gottesdienst besuchen und den Rest des Tages ruhte er sich aus.

An einem Dienstag jedoch geschah wieder etwas sehr Spezielles. Nathan ging wie üblich in den Wald, um Holz zu sammeln. Vor der kleinen Waldlichtung, die seine Sammelstelle war, beobachtete er erneut die kleine Dachsfamilie. Es war jetzt das sechste oder siebte Mal, dass er dies tat. Nathan schaute in den Himmel und merkte, dass sich die Wolken verdichteten. Nathans feine Nase witterte ein Gewitter. Woche für Woche fiel ihm auf, dass der eine Säugling beim Stillen stets von den anderen aus der Reihe geschoben wurde und wohl zu selten Muttermilch aus der feuchten Zitze saugen konnte.

Die Augen des jungen, naiven Mannes sahen, wie das Dachskind langsam wütend wurde. Es fing an schneller und lauter zu atmen. Nathan schaute dem Geschehen verblüfft zu. Auf einmal rannte das junge Tier los, packte eines seiner Geschwister beim Hals und rammte es wutentbrannt gegen einen nahegelegenen Felsbrocken. Hart schlug das arme Dachsjunge am Gestein auf. Das Opfer blutete sofort am Kopf und war regungslos. Die Dachsmutter war entsetzt und lief zum liegenden Tier. Vor Ort tastete sie den stillliegenden Leib ein paar Mal ab und bemerkte, dass das Junge tot war. Nathan riss die Augen weit auf und konnte nicht glauben, was er sah. Auf der Stelle liess die Mutter ihren Emotionen freien Lauf und brüllte laut in die tiefe Waldfinsternis. Nathan verfiel in Schockstarre. Die Mutter rannte schnurstracks in Richtung Täter und packte ihn mit dem Maul am Hals.

Die Mutter liess das Junge herzlos auf den kalten Waldboden fallen und brüllte es an. Es erschrak und wich sofort einige Meter zurück. Das verängstigte Tier versuchte zurückzukrabbeln, die Mutter hielt es jedoch auf. Sie machte ihm klar, dass es sich vom Rudel fernhalten solle. Frustriert blieb es an Ort und Stelle sitzen und schaute zu, wie die Familie schnell das Weite suchte. Nathan hielt den Atem an und schluckte. Seine Knie waren ganz zitterig. Als die Dachsfamilie nicht mehr in Sichtweite war, näherte sich Nathan dem Verstossenen und streichelte es, um es zu beruhigen. Sofort ging es dem Jungen besser und es schaute Nathan zufriedener an. Auf einmal spürte Nathan einen Regentropfen auf seiner Stirn. Es fing an zu regnen. Der verstossene Säugling jaulte einmal süss und verschwand dann niedergeschlagen im Waldgestrüpp, um sich vor dem Regenguss zu schützen.

Nathan war völlig aufgewühlt. So etwas Brutales, aber zugleich Rührendes hatte er noch nie zuvor erlebt. Er war kurze Zeit in einem totalen Gefühlschaos.

Nach einer Weile kam er wieder zu einem klaren Kopf und merkte jetzt, wieso ihm das Ganze so nahe ging. Er erkannte, dass es der Kain & Abel Geschichte entsprach, in der Kain seinen Bruder Abel aus Neid tötete. Mit durchmischten Gefühlen fuhr er mit schweissnassen Händen durch seine langen, hellbraunen Haare. Danach rannte er durchnässt bei Blitz und Donner nach Hause, weil er wieder die Zeit vergessen hatte...

Das Konstrukt (Ira)

Die Zeit verging wie im Flug und Maxim lernte das Leben kennen. Es passierte alles so schnell. Kaum hatte er mit den Wimpern geblinzelt, vergingen Stunden, Tage, ja gar Wochen. Es kam ihm alles so schnell vor. Je älter er wurde, desto schneller ging ein Jahr vorüber und desto reifer wurde Maxim.

Der junge Mann wuchs beträchtlich und wurde schlauer durch das viele Lesen, das ihm immer noch grosse Freude bereitete. Als Abendlektüre las er verschiedene Bücher, darunter waren auch die griechischen Sagen, welche ihn sehr interessierten. Aus dem kleinen, neugierigen Jungen wurde ein strammer, gescheiter Mann. Er war mittlerweile ein grossgewachsener

Siebzehnjähriger. Erst jetzt lernte er die Zeit richtig schätzen, denn erst jetzt sah er sie als vergänglich an. Er fragte sich, was die Zeit so wichtig machte und wieso sie die Menschen so antrieb.

Vieles veränderte sich in seinem Leben. Er hatte jetzt ein grösseres Zimmer und keinen Unterricht mehr. Sein Vater hatte nämlich beschlossen, dass er jetzt mit der Kaufmannsausbildung bei ihm beginnen sollte.

Maxim fing also auf Wunsch seines Vaters bei ihm im Geschäft die Lehre an. Der Siebzehnjährige lernte die Theorie schnell, doch in der Praxis haperte es meistens. Der Jugendliche war oft abgelenkt und dachte lieber an andere Sachen, als an Geschirr einzuräumen oder an der Kasse zu stehen, um von Kunden Geld einzukassieren. Jetzt bewunderte er seinen Vater noch mehr. Bis zu dem Moment, in dem er selbst angefangen hatte zu arbeiten, hatte er nie wirklich über das Arbeiterleben nachgedacht. Er hatte die Arbeit als einen selbstverständlichen Teil des ganzen Gesellschaftskonstrukts betrachtet und nie in Betracht gezogen, dass ohne die Arbeiter nichts funktionieren würde. Maxim war erstaunt, wie viel er schon nach relativ kurzer Zeit, während der er intensiv im Porzellanladen seiner Familie in der Stadtmitte mitgearbeitet hatte, beherrschte. Seine Koordinationsfähigkeit, seine Flexibilität, sein Menschenkenntnis und sogar seine Ausdauer verbesserten sich. Er merkte, was es hiess, einen ganzen Tag auf den Beinen zu stehen. Es gab Sachen, die Maxim gerne tat und solche, die er weniger gerne machte. Das Sortieren vom Münzgeld nach Ladenschluss gehörte sicherlich zum Letzteren. Trotz vielen guten Aspekten fand Maxim die Arbeit, je länger er sie ausübte, immer langweiliger. Es fehlte ihm die Abwechslung und die Spannung. Es dauerte nicht lange, bis Maxim merkte, dass solch einen Beruf wohl nicht das ganze Leben lang tun wollte und tun konnte. Doch sein Vater wollte diese Zukunft für ihn, denn es wäre das beste für die Familie. Deshalb sagte Maxim nie auch nur ein Sterbenswörtchen über seine Meinung gegenüber der Arbeit. Er verhielt sich korrekt und tat, was man ihm befahl. Es geschah immer häufiger, dass Maxim alleine im Geschäft war. Vielleicht war das auch der Grund, warum der Jüngling so viel zu tun hatte. Sein Vater sagte, er habe etwas zu erledigen und war dann auch meistens den ganzen Tag weg. Maxim wunderte sich über dieses Verhalten seines Vaters, doch wie so oft, wagte er nicht, etwas dazu zu sagen.

Es geschah oft, wie auch an diesem sonnigen Freitag, dass sich Maxim nach Ladenschluss in den Strassen Avignons herumtrieb und die beschäftigten Leute beobachtete. Es war ein heisser Spätsommerabend und die Sonne schien über den Dächern der Stadt. Man konnte sehen, wie die Sonnenstrahlen die Wasserpfützen am Strassenrand zum Glitzern brachten. Die Oberfläche des Wassers schimmerte so stark, dass sie beinahe wie Zucker aussah. Maxim mochte die Sonne. Für ihn war sie das Symbol der Macht und gleichzeitig die perfekte Darbietung von Freiheit. Sie bestimmte über Leben und Tod und sie regulierte Tag und Nacht. Zudem tat sie, was sie wollte. Die Sonne faszinierte Maxim, auch wenn er eigentlich nichts über sie wusste. Genau wie die Sonne mochte er den Anblick vom echten Leben. Der Jugendliche sah sich die Menschen an und versuchte, aus ihnen schlauer zu werden. Er sah in die Augen der Menschen und fragte sich, wie sie das Leben sahen und ob es jemanden wie ihn selbst gebe. Maxim liebte Avignon. Er mochte das hektische, städtische Flair und die überschaubare Grösse der Stadt. Er schloss oft die Augen und lauschte den Leuten. Er war vollkommen erstaunt. Maxim hörte die rauschende, ruhig fliessende Rhone, bis hin zu den Hufen der Pferde, welche gegen den Stadtboden klapperten und die Kutschen durch die Strassen von ganz Avignon transportierten. Maxim vergass die Zeit. Stundenlang sass er da, und lauschte.

Als sich dann aber die Sonne über Avignon langsam verabschiedete und dem Mond Platz machte, war es auch für

Maxim an der Zeit heimzukehren. Er schlenderte nach Hause und ging sofort schlafen, denn sein Tag war wie immer ziemlich hart gewesen. Doch der nächste Tag sollte der härteste von allen bisherigen werden...

Nach einer eher durchzogenen Nacht erwachte Maxim beim ersten Gockelruf. Wie jeden Tag machte sich der Bursche, wie auch an diesem Samstag, zuerst direkt auf den Weg in die Küche, um etwas Kleines zu frühstücken, doch seltsamerweise war seine Mutter nicht dort. Es hatte auch noch niemand den Tee aufgesetzt. Maxim war verwundert. Nach einigen Sekunden in denen der Jugendliche rätselte, wo alle seien, knallte unten die Eingangstüre auf und man hörte weibliche Schreie. Es war Maxims Mutter. Sie schrie laut umher. Pierre war bei ihr und versuchte sie zu beruhigen.

„Beruhig dich. Sei still!", rief Pierre mehrmals. Maxim war perplex. Er hörte seine Mutter nur sehr selten weinen. Sofort rannte er die Treppe herunter und fragte direkt, was denn los sei.

„Geh ins Bett, Maxim", sagte Pierre mit kränklicher Stimme. Maxim hatte seinen alten Lehrer mehrere Jahre nicht gesehen und war sehr verwundert, wieso er gerade jetzt, in dieser schon so mehr als merkwürdigen Situation, bei ihnen zu Hause war. Pierre hatte sich bis auf die graueren Haare äusserlich kaum verändert. Man merkte aber, dass er schon länger nicht geschlafen hatte.

„Was machen Sie denn hier, Monsieur Lafayette, und was ist mit Mutter?", fragte Maxim entsetzt.

„Ich erkläre dir später alles."

Maxims Mutter war in Tränen ausgebrochen und kaum noch festzuhalten.

„Was haben die nur getan? Wieso? Wieso gerade er?", schrie sie weinend.

Maxim stand mit offenem Mund da und konnte kaum Wörter finden für das, was sich gerade abspielte.

„Ich will jetzt wissen, was los ist!", sagte Maxim nun lauter.

Pierre war sichtlich überfordert mit dieser Situation und antwortete nicht. Er packte die Mutter hart am Arm, brachte sie nach oben ins Schlafzimmer und schaffte es nach ein paar strikten Worten, dass sich die aufgewühlte Frau etwas beruhigte. Sie liess sich auf das Bett fallen und weinte leise weiter. Danach lief Pierre zurück herunter ins Geschäft zu Maxim. Der junge Mann weinte und bat Pierre endlich um Aufklärung. Pierre hustete zweimal, wischte sich den Schweiss von der Stirn, griff sich durch die Haare, atmete einmal tief durch und schaute Maxim tief in die Augen bis er dann leise sagte: „Unser Wiedersehen hätte sicher schöner ausfallen können Maxim. Ich habe keine gute Nachricht für dich."

Maxim wischte sich nickend seine Tränen von den Wangen.

Der Alte fuhr fort: „Dein Vater ist gestern Nacht nach einem Streit mit einem seiner osmanischen Geschäftspartner getötet worden. Soviel ich weiss, waren sich die beiden über einen Preis für das Porzellan uneinig. Dein Vater verlangte mehr Geld für die Ware, doch der Osmane wurde wütend. Der Streit eskalierte, bis es passierte... Man fand deinen Vater heute Morgen leblos am Strassenrand in der Rue de la Justice. Die Behörden riefen mich, als guten Freund, und deine Mutter heute zur Identifizierung der Leiche. Der Täter wurde gefasst. Es tut mir sehr Leid, Maxim. Ich wünschte, es wäre anders verlaufen."

Maxim war sprachlos. Einzig eine Träne kullerte ihm über das erstarrte Gesicht. Er war bleich wie die Wand hinter ihm. Er glich einer Wachsfigur. Tausende von Fragen schwirrten dem Burschen durch den Kopf, die allesamt noch nach einer Antwort verlangten. Pierre umarmte den starren Leib, doch Maxim schubste Pierre weg. Plötzlich war Wut in Maxims Augen zu sehen. Sein Gesicht wurde wieder farbiger und seine Augenbrauen senkten sich nach innen. Er kniff die Lippen krampfhaft zu und ballte seine rechte Faust. Im kompletten Gefühlschaos stand er nun da.

Pierre sagte leise: „ Alles wird gut, mein Junge.“

In diesem Moment rannte Maxim nach oben in die Küche und griff in die unterste Schublade eines Schrankes. Er zog eine alte Jagdflinte hervor. Sofort versteckte er die Waffe in der Innentasche seines Mantels. Wutentbrannt marschierte der Jugendliche wieder nach unten, raste ohne etwas zu sagen an Pierre vorbei und verliess das Haus. Pierre verstand Maxims Wut und liess ihn weglaufen.

Die ersten Meter marschierte der Junge noch, doch danach rannte er so schnell er konnte durch die Stadt. Nur etwa alle zwanzig Meter wurde er kurz etwas langsamer, um sich mit seinem Mantel die Tränen vom Gesicht zu wischen. Noch nie war er so zornig, wütend, enttäuscht, traurig, aufgewühlt und voller Fragen zugleich gewesen. Es gab noch so vieles, was er seinen Vater hatte fragen wollen und noch so vieles, was er mit seinem Vater hatte unternehmen wollen. Alles kam viel zu früh. Maxim konnte die Situation gar nicht richtig glauben, er wusste nur, dass er weg wollte. Er wollte einfach nur rennen. So weit rennen, wie es auch nur geht. Schon nach kurzer Zeit hatte Maxim das Stadttor überquert und das Städtchen verlassen. Er musste überhaupt nicht nachdenken, wohin er ging. Der Jugendliche liess sich von seinen Beinen leiten, denen er komplett vertraute. Es zog den Burschen in den nahegelegenen Wald. Vor dem Waldeingang blieb er kurz stehen, um Luft zu schnappen. Er war gerade in Rekordzeit von seinem Zuhause in der Stadtmitte, durch die ganze Stadt in den Wald gerannt, doch er war nicht erschöpft. Im Lauftempo zog es ihn weiter und er trat in den Wald ein. Der Wald war wunderschön und unberührt. Man hörte die verschiedensten Tierarten rufen und sah viele Baumarten wachsen. Es gab keinen Weg. Maxim folgte seinem Instinkt auf einer Reise ohne Ziel. Er war immer noch wütend, doch die Natur schien ihn zu besänftigen. Das Zwitschern der Vögel war vollkommen beruhigend. Maxim mochte die Natur, obwohl er selten hier war. Als Stadtkind hatte er Avignon nur selten verlassen. Nur ab und zu ist er im Wald gewesen, denn sein Vater nahm ihn gelegentlich mit auf die Jagd. Der Forst wurde immer dichter und er musste sich immer mehr durchkämpfen. Er konnte nicht sagen, wie spät es war, denn die riesigen Bäume versperrten ihm die Sicht auf die Sonne. Mittlerweile wischte Maxim sich nicht mehr nur Tränen vom Gesicht, sondern auch Schweiss. Er lief immer weiter und weiter ins Waldinnere. Der Jugendliche hatte jegliches Zeitgefühl verloren. Nach einer Weile wurde der Wald wieder erträglicher und Maxim kam besser voran. Er beobachtete eine Schar Eichhörnchen, welche Nüsse am Waldboden für den Winter sammelten. Man erkannte jetzt auch die Sonne wieder besser. Ihre Strahlen schimmerten durch die farbigen Blätter der Bäume und fanden am Waldboden wieder zusammen. Das ganze Naturphänomen wurde zudem weiterhin von den singfreudigen Vögeln begleitet. Das Spektakel brachte ihn auf andere Gedanken. Nach weiteren zwanzig Metern blieb Maxim schlagartig stehen. Ihm fiel etwas Vertrautes ins Auge. Er sah eine Waldlichtung inmitten des grossen Waldes. In dieser Lichtung stand eine kleine, von Menschen geschaffene Aussichtsplattform, welche an einen dicken Baum angelehnt war. Ein klitzekleines Lächeln überkam Maxim, denn er merkte sofort, dass er diesen Ort kannte. Sein Vater und er waren früher genau an dieser Stelle immer auf der Jagd gewesen. Es sah noch genau so aus wie in seiner Kindheit. Ein kleiner, freier Raum in der Mitte, welcher von grossen Bäumen umgeben war. Er war ewig nicht mehr hier gewesen, denn sein Vater hatte, als Maxim älter wurde, immer weniger Zeit, um mit seinem Sohn auf die Jagd zu gehen. Maxim würdigte diesen einzigartig rührenden und unglaublichen Moment mit einem leisen, aber warm und deutlich ausgesprochenen „Papa".

Er blieb noch einige Augenblicke auf der Stelle stehen, bis er sich dann dem hölzernen Gebäude näherte. Langsam lief er Schritt für Schritt näher heran. Er staunte immer mehr. Plötzlich erinnerte er sich an so viele wunderschöne Kindheitserlebnisse, welche er hier mit seinem Vater erlebt hatte. Er stieg die kleine Holztreppe hoch und setzte sich in die Mitte des kleinen, engen Aussichtsplateaus. Von hier aus konnte er in alle Richtungen tief in den Wald blicken. Er erkannte sogar, wo er vorher durchgegangen war. In diesem Moment vergass Maxim alles, was geschehen war und schwelgte in Erinnerungen. Er dachte an gemeinsame Tage im Freien oder wie sein Vater und er einmal einen Hasen erlegt hatten. Maxim wurde ganz melancholisch und genoss diesen Moment.

So schnell wie sie gekommen war, so schnell legte sich die Heiterkeit aber auch wieder. Als der Jugendliche in seine Manteltasche griff, fühlte er sofort die eiserne Flinte. Er riss reflexartig die Augen auf, denn er hatte die Waffe, bei allem was passiert war, völlig vergessen. Schlagartig kam die Wut wieder hervor. Er atmete schneller.

Er flüsterte vor sich hin: „Ich kann es immer noch, ich werde es dir zeigen, Vater!" und wiederholte sich stetig.

Hektisch und zitternd packte er die Flinte und legte sich auf die Lauer. Er atmete noch schneller und flüsterte den Satz noch ein paar Mal leise vor sich hin. Er war vollkommen konzentriert und hielt die Waffe schussbereit. Es erweckte aufgrund seines äusserlichen, hektischen Treibens den Anschein, als ob er etwas Böses im Schilde führte, doch nicht mal er selbst wusste genau, was in ihm genau vorging. Schon nach kurzer Zeit erblickte Maxim etwas, was er noch nie zuvor gesehen hatte. Er rührte sich kaum und hielt den Atem an, um die momentane Situation ja nicht zu verändern. Ein ausgewachsener Wolf stand inmitten der Waldlichtung. Er schaute direkt in den Lauf der Flinte. Für einige Sekunden sah die Waldlichtung, wenn man sie von aussen her betrachtete, aus, wie ein perfektes Portrait. So etwas Majestätisches hatte Maxim noch nie zuvor mitansehen dürfen. Er hatte Angst und war fasziniert zugleich. Maxim hob seinen Kopf leicht, um dem Tier in die Augen zu blicken. Sein Vorhaben gelang. Die beiden Geschöpfe schauten einander direkt in die

Augen. Es waren maximal fünf Meter, welche den Menschen vom Tier trennten. Für einen Augenblick kehrte wieder diese absolute Zufriedenheit in Maxims Gemüt zurück. Er lächelte sogar und genoss den Moment. Doch wiederum hielt das Schöne nicht sehr lange. Maxims Gedanken führten ihn zum Geschehnis von heute morgen zurück und sein Lachen verging ihm schlagartig. Wieder packte ihn die Bosheit und sein Gesichtsausdruck wurde starrer. Er fing erneut an zu zittern und atmete schneller.

Auf einmal ertönte ein sehr lauter Knall. Maxim fiel um. Danach war vollkommene Ruhe im Wald. Die Vögel flogen davon und die anderen Tiere verkrochen sich. Die vorherige Idylle der Natur war verschwunden, denn es war komplett still. Man hörte lediglich Maxims keuchenden Atem. Der Junge ahnte, was geschehen war und rappelte sich rasch auf. Ein Blick genügte und Maxims Vermutung bestätigte sich. Der Wolf lag regungslos da. Der Siebzehnjährige schaute geschockt auf die Waffe in seinen Händen, aus der noch ein bisschen warmer Rauch emporstieg. Er liess sie fallen und rannte zum Wolf. Vorsichtig drehte er das Raubtier und entdeckte sofort die Wunde. Die Kugel hatte den Wolf genau am Hals durchbohrt. Das Tier war tot, keine Frage. Maxim schrie so laut er konnte und warf mit allem herum, was er gerade am Boden fand. Krampfhaft versuchte er seinem Zorn Futter zu geben. Er brauchte all seine Energie. Er redete sich ein, dass er das gar nicht gewollt hatte. Er war doch kein böser Mensch, dachte er sich.

Nach etwa zehn Minuten voller unnötig zerstörerischer Wutentladung kniete er hin und fing an nachzudenken. Er dachte über all das nach, was heute geschehen war. Er dachte an Pierre und die Nachricht vom Tod seines Vaters, sowie über die Flucht in den Wald und die unnötige, aus Zorn entstandene Tötung des Wolfes. Es war das erste Mal in Maxims Leben, dass ihm so viel Gefühlszerreissendes an nur einem einzigen Tag wiederfahren war. Es war ebenfalls das erste Mal in seinem Leben, dass er mit einem Lebensabschnitt abgeschlossen hatte. Er wusste, ab jetzt würde nie mehr alles so sein, wie vorher. Er wollte weg. Durch diese Erkenntnis war er auf einmal wieder zufriedener und atmete tief durch. Er stand auf, erwies dem toten Tier mit einem kurzen „Ruhe in Frieden, lieber Wolf" die letzte Ehre, schüttelte sich das Laub von den Kleidern, schmiss die Flinte in den Wald und lief in die Richtung, von der er glaubte, gekommen zu sein. Bevor er die Lichtung verliess, widmete er ihr aber noch einen letzten Blick, denn er wusste, er würde nie wieder hierher zurückkehren, und er sollte recht behalten.

Zuhause angekommen lief Maxim direkt in das Schlafzimmer, um nach seiner Mutter zu sehen. Er klopfte an die Türe.
„Komm herein", ertönte es aus dem Zimmer. Maxim ging, ohne etwas zu sagen, hinein.
„Ich bin froh, dich zu sehen, mein Sohn", sagte seine Mutter beruhigt.
„Ich bin auch froh, dich zu sehen, Mutter", entgegnete Maxim und die beiden umarmten sich herzlich.
„Ich wünschte, es wäre alles anders gekommen. Ich kann dir nicht sagen, wie mir das alles Leid tut für dich. Du sollst aber eines wissen, Maxim. Dich trifft rein gar keine Schuld. Es war ein dummer Streit geschäftlicher Art und nichts anderes."
„Ist gut Mutter."
Die Mutter fing an zu weinen.
„Weine nicht, Maman, du hast schon genug geweint. Man kann das Vergangene nicht ändern. Die Zeit ist eine feste Grösse. Die Zeit ist unberechenbar und man wird die Zeit auch nie bändigen können. Was gewesen ist, müssen wir akzeptieren. Nur was sein wird, haben wir in der Hand. Durch unser Handeln wird die Zukunft bestimmt, also machen wir doch das Beste daraus und machen wir Papa stolz, indem wir nicht trauern. Du weisst, er hätte das nicht gewollt."

Sie nickte, lächelte und sagte staunend über Maxims weise Worte: „Wieso bist du nur so vernünftig, mein Sohn?"

Die beiden lachten.

„Ich muss Avignon verlassen, Maman. Der Laden wird nicht überleben, wenn ich meine Lehre nicht zu Ende führen kann. Ich muss Papa ersetzen. Es war sein Wille und ich muss ihn stolz machen."

„Wo willst du hin? Und wie?"

„Paris, dort wird mir das Handwerk bestimmt am besten beigebracht. Ich komme schon klar. Ich werde schon irgendwie ankommen. Du kennst mich."

„Wann willst du gehen?"

„Morgen beim Gockelruf werde ich aufbrechen."

„Ist gut. Ich werde dir das Nötigste für die Reise bereit machen."

„Ich danke dir, Mutter."

„Ich werde dich vermissen mein Sohn."

„Ich dich auch. Ich werde dir schreiben. Ich verspreche es. Kommst du auch ohne mich klar?"

„Ja, ich denke schon, ansonsten werde ich mir einen Angestellten suchen. Mach dir keine Sorgen um mich!"

Die beiden umarmten sich noch einmal und Maxim lief dann aus dem Zimmer, um in seines zu gehen.

„Ah ja, Mutter, wie spät ist es?", rief er nach halber Strecke noch einmal zurück.

„Halb sieben abends, wieso?", antwortete sie.

„Nur so", sagte Maxim und riss staunend die Augen auf. Wieder einmal war die Zeit wie im Flug vergangen...

Am nächsten Morgen ging Maxim früh aus dem Haus und durfte für zehn Sous bei einem Getreidetransporter mitfahren. Er verliess Avignon in der Morgenröte Richtung Norden.

Der Verrat (Abnegatio)

„Nathan komm bitte in die Küche. Ich brauche deine Hilfe!"
„Ja Mutter, bin gleich bei Ihnen."
Nathan stand gerade noch draussen beim kleinen Hofbrunnen und rasierte sich. Als er fertig war, blickte er kurz in den Wald. Nathan musste noch oft an das Dachsjunge denken, wenn er in den Wald geschaut hatte. Er fragte sich jeweils, ob es immer noch lebte, ob es sich einem neuen Rudel angeschlossen hatte oder ganz auf sich gestellt war. Dieses Erlebnis ging ihm einfach nie aus dem Kopf.
„Nathan kommst du jetzt", sagte die Mutter und unterbrach Nathans Gedanken.
Nathan griff nach dem weissen Unterhemd, welches er neben dem Brunnen platziert hatte, bevor er anfing, seinen dichten braunen Bart zu stutzen.
Nathan hatte sich verändert. Er entwickelte sich zu einem Mann. Sein geschmeidiger Körper wurde durch die harte Arbeit muskulöser. Auch war Nathan um einen halben Kopf grösser geworden, als zuvor. Hinzu kam der starke Bartwuchs.
„Nathan, du bist wieder ein Mal in deine Gedanken versunken, nicht wahr?"
„Ja, verzeihen Sie mir. Wobei kann ich Ihnen helfen?"
„Würdest du mir schnell den Kochtopf mit Wasser füllen gehen, er ist mir in letzter Zeit eine zu grosse Last geworden. Oh, hast du dich wieder ein Mal geschnitten? Dein Hemd ist ja mit Blut verschmiert. Komm ein bisschen näher, ich will mir das genauer ansehen."
Nathan trat näher an Élaine ran. Sie stand schon mit einem feuchten Tüchlein bereit. Die kleine blutige Wunde befand sich auf der linken Wange. Sie tupfte liebevoll über die blutige Stelle, bis das eingetrocknete Blut verschwunden war.
„So, du musst besser aufpassen wenn du dich rasierst."

„Mutter, die Klinge ist zu alt und schneidet nicht mehr gut", rechtfertigte er sich.

„Ich weiss, die Klinge ist nicht mehr die beste, dadurch musst du noch viel mehr Acht geben mein Sohn. Jetzt kannst du mir das Wasser holen, Vater ist sicher schon hungrig."

Genervt vom Bemuttern der Mutter ging er wieder hinaus zum Brunnen und füllte den grossen verrosteten Topf mit Wasser. Jetzt war er wirklich sehr schwer zu heben, jedoch noch kein Problem für den kräftigen Mann. Er war überrascht und zugleich erstaunt, wie seine Mutter diesen Topf jahrelang, täglich von der Küche zum Brunnen und wieder zurück getragen hatte.

„Hier haben Sie den mit Wasser gefüllten Topf Mutter, was gibt es denn zu Abendessen?"

„Ich danke dir Nathaniel. Es gibt heute deine Lieblingsspeise. Es gibt Kartoffeln mit Entenbrust und Karotten. Gehe und hole deinen Vater, er befindet sich, so glaube ich, auf dem Feld. Wir wollen ja nicht, dass das gute Essen kalt wird, wenn ich fertig bin."

„Lecker", sprach Nathan mit einem Lächeln auf den Lippen und ging seinen Vater suchen.

Auch seinen Vater hatten die vergangenen Jahre gezeichnet. Graue Haare dominierten die kleiner gewordene Haarpracht auf seinen Kopf. Jedoch hatten sich nicht nur seine Haare verändert, sondern auch seine Statur. Dünn und leicht zerbrechlich war sie geworden. Die harte Arbeit konnte sich im Alter auch auf eine andere Art und Weise auszeichnen. Die Schmerzen in seinen Gliedmassen hatten in vergangener Zeit massiv zugenommen, deswegen musste Nathaniel auch immer mehr an Verantwortung auf dem Hof und in der Familie übernehmen was ihm aus der Sicht der Eltern nicht immer so gut gelang. Nathan war dadurch gezwungen, viele neue Dinge vom Bauernleben zu lernen. Er beherrschte nun alles was ein tüchtiger Bauer beherrschen sollte, jedoch richtig zufrieden mit diesem, für ihn primitiven Leben, war er nicht. Alltag dieselben Arbeiten in

Natur und Stall, mit Tieren und Pflanzen. Dieses Leben war einfach zu gradlinig für Nathan. Trotzdem wollte er seine Eltern nicht enttäuschen und behielt seine Meinung vom Bauernleben für sich.

„Vater, kommen Sie bitte? Wir können bald essen, Mutter ist sicherlich schon bald fertig mit kochen."

„Ist gut, du musst mir aber nach dem essen noch helfen, fertig zu pflügen."

„Ja, mache ich Vater."

Die beiden liefen nach dieser kurzen Konversation schweigend in die Küche.

„Hier sind wir Mutter, ich bin schon ganz hungrig", sagte Nathan mit einer grossen Vorfreude auf sein Lieblingsessen.

Die kleine Familie ass wie immer in der Küche am kleinen, inzwischen morschen Holztisch. Nach dem Gebet konnte Nathan endlich anfangen zu essen. Mit einer unglaublichen Geschwindigkeit verschlang Nathan die braungebratene Entenbrust. Ihm fiel die seltsame Stimmung im Raum gar nicht auf. Erst als er sein Teller aufgegessen hatte, fragte er nach:

„Vater, Mutter, warum seit Ihr so still?"

„Hör zu mein Sohn", wisperte die Mutter mit leiser Stimme.

„Morgen vor 30 Jahren haben Vater und ich geheiratet."

„Wieso seit Ihr denn so stillschweigend, ist doch schön zu hören, ich gratuliere Ihnen."

„Danke Nathaniel, jedoch ist dies nicht der Grund für unser schweigen", entgegnete Élaine.

„Vater und ich würden gerne in das Holzhaus am See gehen, welches Vater mit seinem jüngeren Bruder, in deinem Alter gebaut hatte. Und zwar alleine, ohne dich. Du bist jetzt 25 Jahre alt und warst noch nie mehrere Tage alleine zu Hause. Dies ist der Grund, weswegen wir schweigen. Vor allem für mich ist der Gedanke schwierig, dich hier alleine zu lassen. Aber Vater und ich sorgten die letzten 25 Jahre fast nur für dich und hatten kaum

Zeit für uns. Dies wollen wir an diesem Wochenende einmal ändern. Ist das in Ordnung für dich?"

„Ja sicher, kein Problem, Sie hätten viel früher schon mehr Zeit für euch nehmen können. Geniessen Sie das Wochenende."

„Wir danken dir für dein Verständnis", beendete Vater die seltsame Situation.

Nathan fühlte sich nach dem Gespräch wie ein kleines Kind, seiner Meinung nach trauten die Eltern ihm immer noch viel zu wenig zu. Das Verlangen etwas an seinem Leben zu ändern wurde grösser. Er fragte sich, ob es jemandem auf dem Planeten gleich erginge.

Nach dem Essen half Nathan wie versprochen seinem Vater beim pflügen. Nachdem sie fertig gepflügt hatten, war Nathan sehr erschöpft. Er wollte nur noch in sein Bett liegen und schlafen gehen. Nach einer Nacht, in der Nathan gut geschlafen hatte, ass die Familie noch kurz vor Abreise der Eltern zusammen das Morgenessen. Danach verabschiedeten sich die Eltern von Nathan und zogen los, um ihrem Hochzeitstag ein Mal etwas mehr Beachtung zu schenken. Nathan war nun für die nächsten Tage alleine im Hause.

Nach der Abreise der Eltern, machte es sich der junge Mann für einen Moment in der kleinen Stube gemütlich. Nathan setzte sich langsam in den Holzsessel. Genüsslich schloss er die Augen. Es war sehr ruhig im Stübchen. Diese Ruhe machte Nathan mit dem Verlauf der Zeit ein bisschen Angst. Wahrscheinlich weil es für ihn total ungewohnt war. Als ihm die Stille vertraut war, fing er an, sich über alles mögliche Gedanken zu machen. Am meisten Zeit verbachte er damit, sich vorzustellen, wie das Leben als Adliger in der Stadt wäre. Schon nur die Vorstellung in der Stadt zu leben, gefiel ihm gut. Er sehnte sich nach mehr Selbständigkeit, das ständige Zurechtweisen und Vorschreiben der Eltern hielt er kaum noch aus. Nathaniel wollte seinen Eltern beweisen, dass er auch alleine durchs Leben kommen kann. Vor allem wollte er einmal etwas Neues erleben und andere spannende Orte von Frankreich sehen. Aber wie konnte er dies nur seinen Eltern verständlich machen. Er hatte eine Idee, auch wenn sie ein bisschen blass und naiv schien. Während sich seine Eltern gemütlich am See amüsierten und entspannten, wollte er den ganzen Hof aufräumen und die kaputten Gegenstände reparieren. Dadurch erhoffte er sich mehr Aufmerksamkeit und Vertrauen der Eltern. Der kleine, unbeholfene und verträumte Nathaniel, den Mutter und Vater immer noch in ihm sahen, war er nicht mehr, wollte er auch nicht mehr sein. Seine Arbeit begann er im eigenen Zimmer. Er schaute sich zuerst den hölzernen Kleiderkasten an der Wand an, das Holz war teilweise spröde und morsch. Es musste ausgewechselt werden, dies tat er auch. Sonst war er ziemlich zufrieden mit seinem Zimmer und begab sich zuversichtlich in Richtung des Schlafgemachs der Eltern. Hier sah es auf den ersten Blick in Ordnung aus. Jedoch fiel Nathan auf, dass unter der Bettseite der Mutter eine kleine Truhe hervorkam und offen da lag. Er hatte diese Truhe noch nie gesehen. Vielleicht weil er das Schlafzimmer der Eltern normalerweise nur selten betreten hatte. Nathan trat näher an das rechteckige Objekt heran und schloss es gefühlvoll. Vorsichtig nahm er die kleine Truhe in die Hände und hob sie hoch, um den kleinen Kasten besser zu betrachten. „Nur anschauen und nicht reinschauen", murmelte er vor sich hin. Die Truhe sah wertvoll aus. Das fein bearbeitete Eichenholz war entlang der Kanten mit goldenen Streifen verziert, das verhältnismässig grosse Schloss bestand aus einem ihm nicht bekannten prunken Metall. Dieses Edelstück schien der Mutter sehr wichtig zu sein, da es sehr gepflegt aussah. Aus diesem Grund nahm es Nathan noch stärker Wunder, was im Inhalt der Truhe versteckt war. Zögernd öffnete er die Truhe und schaute mit neugierigen Augen hinein. Im ersten Moment sah es aus als würde Élaine einfach ihren wenigen Schmuck in der Truhe verstauen. Beispielsweise die verschiedenen Ringe oder die

Halskette. Als Nathaniel jedoch ein zweites Mal hinschaute, sah er einen Briefumschlag auf dem staubigen Truhenboden liegen. „Was für ein Brief ist das?", fragte er sich. Ein Kampf zwischen Neugier und Vernunft entfaltete sich im Inneren Nathans. Die Vernunft siegte. Nathan schloss die Truhe überzeugt und verstaute sie sorgfältig unter dem Bett. Er brauchte eine kurze Zeit, um wieder klar denken zu können. Erst als er das Zimmer verlassen hatte, bemerkte er, wie schweissnass sein Körper war. Den restlichen Tag verbrachte er weiterhin mit Reparieren und Aufräumen. Die Arbeit lenkte ihn ein wenig ab, jedoch verging keine Minute, ohne dass er an den geheimnisvollen Briefumschlag dachte. Je länger der Tag ging, desto verrückter wurden Nathans Gedanken über den Inhalt des Briefes.

Am Abend hielt es Nathan einfach nicht mehr aus. Er musste diesen Briefumschlag öffnen und schauen, was darin verborgen lag. Mit leuchtender Kerze eilte Nathan die Treppe hoch in Richtung Elternschlafzimmer und setzte sich auf das Bett. Vollkommen überhastet öffnete er die Truhe und riss den Briefumschlag unsorgfältig aus dem Behälter. Nathan atmete tief durch, um zur Ruhe zurückzukehren. Als er sich beruhigt hatte, nahm er die Kerze wieder in die linke Hand und schaute sich den Umschlag etwas genauer an.

Auf der Vorderseite war *„Élaine Delon, Rue du pont, à Domme"* geschrieben. Der Name seiner Mutter und die Adresse. Die Schrift war ihm nicht bekannt, vom Vater war der Brief sicherlich nicht. Hastig entfaltete Nathan den Umschlag und nahm den Brief hervor. Nun stellte Nathan die brennende Kerze auf den Holzboden und legte den Brief ausgefaltet daneben, da er in dieser Haltung besser lesen konnte.

Nathan war kein guter Leser und Schreiber, er war im Stande Buchstaben mühsam aneinander zu reihen und dann ein Wort hervor zu murmeln. Diese Wenigkeit, lernte er beim Priester in der Dorfkirche. Zuerst brachte der Priester Nathan das Alphabet bei, dann versuchten sie dieses anhand von Bibelstellen anzuwenden. Mit der Zeit konnte Nathan gebrochen lesen und schreiben

Nathan entzifferte mühevoll Buchstabe für Buchstabe und Wort für Wort.

Paris, le 12 septembre 1742

Chère Élaine Delon,

Die letzten Tage, Wochen machten mir das Leben schwer. Die Gedanken an meine unwürdige, gotteslästernde Tat vor einem Jahr, lassen mich verrückt werden. Deine Nachricht vor 2 Wochen war sehr erschütternd und unvorteilhaft. Ich bin dir einerseits dankbar, dass du mich informiert hast einen gemeinsamen Sohn zu haben, andererseits werde ich dadurch gezwungen den Kontakt komplett abzubrechen. Das Risiko, dass diese Schandtat an die Öffentlichkeit kommen könnte ist schlicht zu hoch, die Folgen dessen mir unvorstellbar. Ich kann und will die Verantwortung über diesen Bastard nicht übernehmen! Du Élaine, musst diesen schwierigen Weg nun alleine gehen und mir versprechen, dass niemand von diesem Kontakt und diesen Briefen erfahren wird. Sonst wäre ich gezwungen mit brutalen Konsequenzen zu handeln.

Salutations Félix Décastel

Als er den Brief das erste Mal durchgelesen hatte, fing er wieder von vorne an. Diesen Vorgang wiederholte er mehrmals, bis er den Brief fallen lies. „Nein, nein, nein", schrie Nathan in steigender Lautstärke durch den finsteren Raum. Wut und Trauer zugleich kamen auf. Nathan fing stark an zu zittern. Tränen lösten sich von seinen Augen. Er konnte und wollte diese schreckliche Nachricht nicht wahrhaben. Die Wut wurde immer grösser. Plötzlich begann er aggressiv um sich zu schlagen. Er musste die aufgebaute, negative Energie loswerden. Nathan schlug immer wilder um sich, gleichzeitig fing er an zu schreien. Plötzlich wurde ihm schwarz vor Augen und er schlug hart auf dem Boden auf. In der Hektik, hat er sich mit seinem Kopf an dem robusten Kleiderkasten gestossen und wurde sofort bewusstlos. Am nächsten Morgen erwachte Nathan mit einem brummenden Schädel. Er wusste nicht mehr, was passiert war, bis er den von ihm verfluchten Brief gesehen hatte, der neben ihm am Boden lag. Er steckte den Brief zurück in den Umschlag und nahm diesen an sich. Die Truhe verschloss er ein weiteres Mal und schob sie zögernd unter das Bett. Dann ging er in sein Zimmer gegenüber und liess sich auf das Bett niederfallen. Schlafen konnte Nathan nicht, dafür war es ihm zu übel. Er versuchte sich etwas zu entspannen, es wollte ihm aber nicht gelingen. Noch nie in seinem jungen Leben hatte Nathan solch eine grosse Trauer verspürt. Nur der kleinste Gedanke an den Brief zerriss ihm schmerzhaft das Herz. Mit dieser Situation konnte er nicht weiterleben. Jedenfalls nicht in Domme bei seiner Familie. Nathan spielte mit dem Gedanken Domme in Richtung Paris zu verlassen. Da der Brief in Paris geschrieben wurde, müsste sein richtiger Vater in Paris leben, war sich Nathan sicher. Plötzlich verschwand die Übelkeit und der Schlaf holte Nathaniel doch noch ein.

„Hallo, wir sind wieder zu Hause", sagte die Mutter und weckte Nathan einige Stunden später aus seinem süssen Schlaf.
„Ja, ist gut Mutter", hauchte Nathan schlaftrunken und realisierte es gar nicht richtig.
„Was, Sie sind schon hier? Wieso so früh?" stotterte Nathaniel, der langsam zu vollem Bewusstsein kam. Er drehte sich zu Élaine um und schaute ihr in tief die Augen. Die Trauer, welche Nathan für einen Moment verloren hatte, staute sich wieder auf, sie wurde sogar grösser. Ruckartig wendete er sich wieder weg von seiner Mutter und legte sich nochmal in sein warmes Bett. In

diesem Moment hatte Nathan begriffen, dass er definitiv von zu Hause verschwinden musste, am besten noch in dieser Nacht.

„Das Wetter wurde immer schlechter, ein kleines Gewitter zog sogar auf. Wir wollten uns nicht unnötig in Gefahr bringen und beschlossen schon früher zurück zu kommen."

Nathan antwortete nicht auf die Erklärung von Élaine und wartete ungeduldig, dass sich seine Mutter aus dem kleinräumigen Zimmer entfernte.

Der mütterliche Instinkt von Élaine merkte sofort, dass mit ihrem Sohn etwas nicht stimmte, aber was es war, konnte er nicht herausfinden. Vater schaute auch noch bei Nathan im Zimmer vorbei, ging jedoch schnell wieder heraus, weil Nathan nicht bei Laune war ein Gespräch zu führen. In den nächsten Stunden beschäftigte sich Nathan nur mit seinem Vorhaben Domme zu verlassen. Er ass nicht ein Mal das Abendessen mit seinen Eltern. Nathan fühlte sich leer und ängstlich. Doch dies war die einzige Möglichkeit, welche für ihn Sinn machte. Als er mit seinem riskanten Plan einigermassen zufrieden war, probierte er die wenigen Stunden, die er noch hatte, zu dösen.

Die Sonne verschwand gemächlich am Horizont und es wurde Nacht in Domme. Als die Kirchenglocke Mitternacht schlug erwachte Nathan. Jetzt war der Zeitpunkt gekommen. Kontrolliert, ohne gross Lärm zu machen, stand er auf, schlich den kurzen Flur zur Treppe entlang und stieg sie Schritt für Schritt möglichst leise hinunter. Dann lief Nathan direkt in die Küche, da er noch ein wenig Proviant für die Reise mitnehmen wollte. Nathan schnappte sich drei Äpfel, fünf Kartoffeln, einen kleinen Rest Brot und packte alles in den alten Strohkorb seiner Mutter ein. Als er sich umdrehte und in Richtung Haustür laufen wollte, tuschierte er tollpatschig den Kochtopf. Dieser fiel um und es krachte kurz. Nathan stellte ihn sofort wieder hoch. Er blieb kurz stehen und lauschte ob jemand geweckt worden war. Es regte sich nichts. Nun trat er zuversichtlich, so leise wie er konnte, der Haustür entgegen. In dem Moment, indem er die Türklinke runterdrückte und sich in sein neues Leben stürzen wollte, ertönte die Stimme seines Vaters.

„Nathan, wo willst du so spät in der Nacht noch hin?"

Nathan war geschockt und drehte sich behutsam um. Was soll er jetzt tun? Den Mann, der eigentlich ein Anrecht auf die Wahrheit hätte, anlügen und damit eine wunderbare langjährige Ehe zerstören? Würde er nicht auch seine Mutter in Gefahr bringen, wenn er die Wahrheit sagen würde? Doch so schnell wie er überrascht wurde, vermehrte sich sein Augenwasser. Eine, zwei dann drei und vier Tränen fanden ihren Weg auf den Boden.

„Nathan, was ist los mit dir, seit wir zu Hause sind, benimmst du dich seltsam. Wieso weinst du jetzt?"

Nathan schaffte es, sich wieder zu beruhigen. Sanft wischte er sich mit seinen eiskalten Händen die letzten Tränen aus dem Gesicht und entschied sich ihm die Wahrheit zu offenbaren.

Nathan erzählte ihm wie er den Brief gefunden hatte und zeigte dem staunenden Mann das Dokument. Der Alte las den Brief und war schockiert. Er konnte nicht glauben, was er gelesen hatte. Weil der alte Mann nicht mehr richtig bei Sinnen war, verlangte er nach einem Stuhl. Nathan brachte ihm diesen aus der Küche. Er fühlte sich irgendwie ein kleines bisschen besser, vielleicht, weil er die schwierige Nachricht mit jemandem teilen konnte. Doch als er den Alten auf dem Stuhl sah wurde sein Höhenflug der Gefühle wieder beendet. Stillschweigend und regungslos starrte der alte Mann an Nathan vorbei, als hätte sein Geist den Körper verlassen. Nathaniel versuchte auf ihn einzureden, blieb jedoch erfolglos. Eine kurze Zeit später hielt es Nathan im Raum nicht mehr aus und trat herzgebrochen dem Haus aus. Während Nathaniel Delon Domme, in der Finsternis der Nacht, in Richtung Norden verliess, stand der alte Mann, nun hasserfüllt, ohne jegliche Empfindung, vor seiner Frau, die von der tragischen Situation in der unteren Etage nichts mitbekommen hatte und tief schlafend im Bett lag.

Kapitel 6, Maxim: Küsse der Stadt (Cor)

Nach ungefähr einer Woche traf die Getreidetransportkutsche, mit der Maxim mitreiste, in Lyon ein. Sie fuhr durch das grosse Stadttor in die Stadt hinein. Es war die grösste Stadt, die Maxim in den vergangenen Tagen auf seiner Fahrt hatte betrachten dürfen. Neben kleineren Bauerndörfern hatte Maxim auf dem bisherigen Weg nur Natur gesehen. Vieles in Lyon erinnerte ihn an Avignon, an seine Heimat. Er blickte, während die Kutsche gemütlich durch Lyon fuhr, in die Gassen und Strassen der Stadt. Es war viel los und es war laut. Viele Menschen und viele Kutschen waren zu sehen. Sie fuhren am Gemüsemarkt vorbei und durchquerten das Zentrum der Stadt. Die Kutsche bewegte sich langsam durch die Stadt, weshalb Maxim alles sehr genau betrachten konnte. Die Luft war wesentlich unangenehmer einzuatmen als auf dem Land. Die Häuser der Gassen und Strassen waren alle hoch und wie in Reih und Glied aneinander gebaut. Maxim hatte selten eine so schöne Architektur gesehen. In Avignon waren die Gebäude älter als hier. Lyon wirkte sehr modern. Die Menschen machten auf Maxim einen gestressten Eindruck, als hätten sie alle keine Zeit. Maxim genoss stillschweigend die Fahrt; er fühlte sich geborgen. Die Kutsche näherte sich dem Stadtrand und der Fahrer wollte Lyon wieder verlassen. Maxim spürte jedoch einen Drang auszusteigen. Er verlor, je mehr er sich vom Zentrum entfernte, immer mehr sein geborgenes Heimatgefühl von vorhin. Die letzten Tage waren sehr langweilig gewesen, deswegen freute er sich wieder, ein wenig Zivilisation zu erblicken. Er haderte mit sich selbst. Im Hinterkopf dachte Maxim stets an seine Mutter und an seine Aufgabe, doch er verspürte ebenfalls einen Drang hier zu bleiben. Wenn er jetzt aussteigen würde, würde sein Ziel in grössere Ferne rücken. Doch noch bevor die Kutsche das hintere Stadttor durchquerte schrie Maxim: „Halt!". Sofort zog der Fahrer an den Zügeln und das Pferd blieb stehen.

„Ich möchte aussteigen, Monsieur", sagte Maxim.

„Das ist erst Lyon mein Junge, nicht Paris", lachte der alte Kutscher erstaunt.

„Ich weiss."

„Also gut. Es sei, wie du es möchtest."

Maxim stieg sofort aus, übergab dem Mann das vereinbarte Geld, verabschiedete sich mit einem kurzen „Merci Monsieur" und zog von dannen.

Er trat wieder in das Zentrum der Stadt ein. Es kam ihm jetzt alles noch grösser und lauter vor als vorhin. Er fühlte sich gut, denn jetzt konnte er in die Anonymität der Masse eintauchen. Maxim liebte Städte. Es zog den jungen Mann zum riesigen Gemüsemarkt auf dem Place des Terreaux in der Mitte der Stadt, direkt zwischen Rhone und Saone. Er lief durch die langen Strassen Lyons und bewunderte die hohen Bauwerke, bis er schliesslich auf den grossen Platz gelangte. Hunderte von Menschen befanden sich auf dem riesigen Markt. Es wurde kreuz und quer verhandelt und laut gesprochen. Maxim suchte vergebens die Ordnung im ganzen Chaos. Mühsam quetschte er sich durch die Menschenmassen, um den Markt auszukundschaften. Viele sprachen ihn an und wollten ihm etwas verkaufen, doch Maxim lehnte stets ab, denn er hatte noch etwas Proviant in seinem Reisebeutel. Der Boden war dreckig und es roch überall stark nach Essen. Obwohl sich Maxim seit mehr als einer Woche nicht mehr richtig gewaschen hatte und somit auch dementsprechend dürftig aussah, fiel sein Äusseres nicht wirklich auf, denn die meisten Menschen waren genauso stinkend und dreckig wie er selbst auch. Auf der Reise hatte er nur ab und zu die Gelegenheit, sich an einem kleinen Bach oder einem Tümpel zu waschen. Maxims Blick war auf die Stände gerichtet, weshalb er erst, nachdem er tollpatschig gegen einen dicken Mann gelaufen war, bemerkte, dass sein rechter Schnürsenkel offen war. Als er sich, nachdem er ihn kurz zugebunden hatte, wieder erhob, sah er nicht weit von sich eine junge Frau. Er schaute sie an und konnte die Augen nicht mehr von ihr lassen. Die Unbekannte war wunderschön. Sie war gross, schlank und hatte prachtvolles, braunes, langes Haar. Sie stand an einem Karottenstand und verhandelte mit dem Verkäufer. Nach ihrem Einkauf drehte sie sich in Maxims Richtung, worauf sich ihre Blicke direkt kreuzten. Maxims Herzschlag wurde schneller und er musste schlucken. Die Unbekannte schaute ihm in die Augen und Maxim fing an zu lächeln. Sie lächelte zurück. Allein durch die Blicke war Vertrautheit zu spüren. Es waren Sekunden von völliger Glückseligkeit und Maxim genoss den Moment in seiner voller Länge. Plötzlich fiel ihr geflochtener Einkaufskorb unsanft auf den dreckigen Ziegelsteinboden und ihre sich darin befindenden blutroten Äpfel kullerten heraus. Sofort eilte Maxim zu Hilfe und hob mit ihr gemeinsam das Obst auf. Sein Herzschlag wurde erneut etwas schneller. Nach der gütigen Tat von Maxim bedankte sich die junge Frau bei ihm, indem sie sagte:

„Danke, Monsieur. Wie peinlich mir das doch ist."

Maxim antwortete sofort etwas stotternd:

„Keine Ursache, Mademoiselle. Das muss Ihnen doch nicht peinlich sein."

„Ich bin tollpatschig. Es tut mir leid, Monsieur. Ich hoffe, Sie erhielten dadurch keinen allzu schlechten ersten Eindruck von mir."

„Keineswegs. Im Gegenteil, meine Liebe!"

„Mögen Sie Kaffee?"

„Ja", antwortete Maxim rasch, obwohl er in seinem ganzen Leben bisher nicht auch nur einen einzigen Schluck des Türkentrankes zu sich genommen hatte.

„Ich hatte später vor eine Freundin zu besuchen, denn ich muss ihr noch ein paar Äpfel bringen. Sie arbeitet in einem Café nur einige Blocks südlich von hier. Darf ich Sie als Zeichen meiner Dankbarkeit mitnehmen und Sie auf einen Kaffee einladen?"

Maxim zögerte keine Sekunde und nahm das Angebot an.

Es war schon Abend, als die beiden im Café des Fédérations in der Rue Major Martin eintrafen. Während dem Weg zum Café haben die beiden nicht viel Persönliches miteinander besprochen, sondern nur über die schönen Häuser der Stadt geredet. Das Café befand sich in einer engen, kleinen Gasse mit hohen, aneinander liegenden Gebäuden. Das Lokal war ein altes, typisch französisches Café, hatte allerdings kaum Besucher.

Nachdem die Frau ihre Freundin begrüsste und ihr die Äpfel übergab, setzten sich die beiden an einen netten Platz am Fenster und bestellten einen Kaffee.

„Da wir uns bisher noch nicht richtig vorgestellt haben, mache ich den Anfang. Ich heisse Laura Girard, geboren und aufgewachsen in Lyon, gar nicht weit von hier und Sie, Monsieur?"

Maxim schaute lange in Lauras dunkelbraune Augen und bewunderte ihr braunes, langes Haar. Dann antwortete er:

„Maxim Julien Lefort. Das ist mein Name. Ich komme aus Avignon, es ist mehr oder weniger ungeplant gewesen, dass ich heute hier bin."

„Das bedeutet, es steckt eine Geschichte dahinter, wieso ich heute das Vergnügen hatte, Sie kennenzulernen Maxim."

Es dauerte nicht lange, bis sich die beiden jungen Menschen sympathisch wurden. Maxim genoss es nach mehreren eher einsamen Tagen wieder einmal Gesellschaft zu haben.

Maxim erzählte Laura die Geschichte mit seinem Vater und weshalb er sich auf den Weg nach Paris begeben hatte. Die junge Frau schaute Maxim die ganze Zeit in die Augen und hörte dem schon etwas müde wirkenden Mann aufmerksam zu, bis sie antwortete:

„Das ist beeindruckend. Ich bewundere deinen Mut und deine Treue. Du opferst dich deinem Vater zu liebe."

„Ich betrachte es mehr als meine Pflicht, weniger als eine Opfergabe."

„Ich verstehe. Ich bewundere das."

„Das freut mich zu hören. Sehr sogar."

Das Café war schon völlig leer und Laura und Maxim wollten beide gehen, doch keiner der beiden traute sich auch nur irgendetwas in der Art zu sagen. Dafür genossen sie den Augenblick viel zu sehr. Nach einem weiteren Moment des Schweigens forderte sie dann Lauras Freundin, welche hier als Servierfräulein arbeitete, auf zu zahlen, denn die Betreiber des Lokals wollten schliessen. Draussen war es schon dunkel, doch das hatten sie gar nicht bemerkt. Maxim suchte in seinem Reisebeutel hektisch nach etwas Geld, doch er konnte nur einige wenige Sous finden. Laura wusste die Zahlungsbemühungen von Maxim zu schätzen, wollte aber keine weitere Zeit mehr verschwenden, weshalb sie ein Livre auf den Tisch legte und mit einem leisen „ist gut so" aufstand und ihren schwarzen Seidenmantel anzog. Maxim wurde klar, dass sie wohl aus keinem schlechten Hause kam. Der junge Mann erhob sich ebenfalls und packte seine Sachen zusammen. Laura nahm aus ihrer Manteltasche ein Parfumflacon und einen Lippenstift hervor. Maxim beobachtete, wie sich die hübsche Frau zurechtmachte.

„Wie alt bist du eigentlich", fragte die junge Frau, während sie ihre Lippen rot färbte.

„Wie alt bist du denn?", entgegnete er.

„Dreiundzwanzig Jahre alt."

Maxim log, indem er sagte, dass er ebenfalls dreiundzwanzig sei, obwohl er erst siebzehn war. Die beiden verliessen das Lokal. Sie standen vor dem Café, es war schon ziemlich kalt geworden.

„Weisst du, wo du schlafen wirst?", fragte Laura, obwohl sie die Antwort natürlich kannte.

„Nein."

„Ich könnte dir eine Unterkunft bieten. Ich habe eine komfortable Wohnung in der Nähe. Wenn du willst, kannst du gerne bei mir logieren."

Die junge Frau trat immer näher an Maxim heran und schaute ihm tief in die Augen. Maxim sagte schüchtern:

„Ja, gerne."

Die blutroten Lippen der jungen Frau kamen immer näher an die von Maxim. Laura griff mit ihrer linken, kalten Hand diejenige von Maxim, welche viel wärmer war und fuhr mit der anderen Hand durch Maxims zerzaustes braunes Haar. Sie küssten sich. Es war für Maxim ein Feuerwerk der Gefühle. Sein ganzer Körper erstarrte und er konzentrierte sich nur auf Laura. Die Zeit blieb für ihn einen kurzen Moment völlig stehen. Eng umschlungen standen sie in der sternenklaren Herbstnacht in einer leeren Gasse über Lyon. Es war ein atemberaubender Moment.

„Ich weiss nicht, was sagen", flüsterte Maxim Laura leise ins Ohr.

„Dann sag am besten gar nichts und folge mir", entgegnete Laura, griff Maxim fester an der Hand und zog ihn mit sich. Die beiden liefen relativ zügig und schweigend die Innenstadt abwärts, zwischen Rhone und Saone. Nach ungefähr zehn Minuten gelangten sie in die Rue des Quatre Chapeaux, ein mittelgrosses Gässchen im Herzen Lyons. Die Häuser waren ähnlich wie im Rest der Innenstadt. Sie waren alle hoch, aneinandergebaut und im typisch französischen Stil errichtet. In der Mitte der Strasse stand ein wunderschönes, weisses Haus mit schwarzen Fensterrahmen und Sandsteintreppen, die zur Haustür führten. Am Eingang befand sich eine grosse, schwarze Holztür mit einem eisernen Türknopf. Darunter hing ein Schild mit der Aufschrift „Bienvenue".

Maxim staunte. Er hatte zwar schon vermutet, dass Laura nicht arm sei, doch eine solch luxuriöse Wohnung hatte er trotzdem nicht erwartet. Er fragte Laura:

„Wie kannst du dir eine solche Wohnung in der Stadtmitte denn leisten, wenn ich fragen darf?"

„Vor ein paar Jahren ist Lyon durch die Seidenindustrie reich geworden und mein Vater hatte, wie soll ich es am besten ausdrücken, ein sehr gutes Händchen in dieser Sache. Und ja, als er dann vorletztes Jahr verstorben ist, hat er mir das Vermögen vermacht. Ich kann jetzt ziemlich gut davon leben. Mein Vater hat im Testament aber ebenfalls festgehalten, dass ich noch einen Vormund haben muss, eine Art Aufpasser für mich, obwohl ich schon dreiundzwanzig bin. Er wohnt auch in diesem Haus und sorgt sich, wo er nur kann, um mich, aber eigentlich bekomme ich ihn selten zu Gesicht."

„Es tut mir leid. Das mit deinem Vater wusste ich nicht. Aber ich mag dir deine komfortable Situation trotzdem gönnen, Laura! "

„Keine Ursache. Dir geht es ja genauso! Nur kenne ich auch meine Mutter nicht. Sie ist bei der Geburt verstorben."

„Mein Beileid!"

„Ich danke dir. Was stehen wir hier so herum in der Kälte? Lass uns eintreten!"

Laura lief die Treppe hoch und öffnete die Tür. Maxim folgte ihr und die beiden gingen herein.

Maxim konnte nicht viel vom Inneren des Hauses erkennen, denn es war ziemlich dunkel. Dennoch sah er, dass es eine grosse Wohnung war mit hohen Räumen. Laura zog den jungen Mann ohne Umwege direkt ins Schlafzimmer und küsste ihn. Sie küsste ihn nicht nur auf den Mund, sondern überall auf seinen Körper. Eng umschlungen liessen sich die beiden auf das grosse Himmelbett fallen und genossen die ganze verbleibende Nacht...

Die Sonne schien Maxim ins Gesicht, was ihn sofort weckte. Er lag halbnackt auf dem grossen Bett. Nur weisse Leinentücher aus purer Seide umgaben seinen Körper. Laura war nicht da. Er bemerkte erst als er aufstand und sich etwas umsah die Ausmasse des riesigen Hauses. Er befand sich im zweiten Stock, wie er erst jetzt feststellte. Vergeblich suchte Maxim nach Laura, die Frau war nirgends zu finden.

Maxim setzte sich wieder auf das Bett und überlegte. Sehr viele Gedanken schwirrten ihm durch den Kopf. Maxim dachte an letzte Nacht. Sie hatte ihm sehr viel bedeutet, denn noch nie fühlte sich der junge Mann einem Menschen so nah. Umso mehr erschütterte es Maxim, dass Laura verschwunden war. Obwohl er sich sehr geborgen und wohl fühlte, wollte er seine Reise nicht unterbrechen. Er seufzte und dachte, es sei wohl das Beste, wenn er jetzt ginge. Er interpretierte das Fehlen von Laura als eine Aufforderung zu gehen, auch wenn ihn das sehr verletzte. Er sass also auf dem Bett und fing an seine Sachen zusammenzusuchen. Der Siebzehnjährige zog sich sein dreckiges Hemd und die schmuddeligen beigen Hosen an, welche nun schon seit mehr als einer Woche nicht mehr gewaschen worden waren, und streckte sich. Danach stand er auf und schaute in einen Spiegel, welcher an der Wand hing. Seine braunen Haare waren schon ziemlich lang und er hatte inzwischen auch einen ziemlich ausgeprägten Bart im Gesicht. Maxim kämmte sich mit einem Kamm, den er auf dem Tisch fand, die Haare wieder einigermassen zurecht. In diesem Moment trat Laura ein und fragte:

„Warum denn so eilig Max?"

„Du bist wieder da!", Maxim liess den Kamm fallen und drehte sich um.

„Ich dachte schon du seist weg!"

„Weg aus meiner eigenen Wohnung?"

Maxim lachte und antwortete:

„Ich habe Hunger."

„Das trifft sich gut! Ich habe nämlich Croissants geholt. Das sind die gleichen, welche mein Vormund mir immer bringt, ich habe ewig gebraucht, bis ich die Boulangerie gefunden habe. Es heisst aber, das seien die besten der Stadt!"

„Laura, es gibt noch etwas, das ich dir sagen muss. Ich bin erst siebzehn."

Laura lachte laut, zündete sich eine Pfeife an und sagte: „Du bist ein Dummkopf."

Die beiden lachten herzlich, küssten sich und gingen gemeinsam auf den Balkon. Unter wolkenlosem Himmel verzehrten die zwei Liebenden das Frühstück Arm in Arm über den Dächern Lyons.

Auf richtigem Pfad (Abbatia)

Nathan lief nun seit Stunden durch die beängstigende Finsternis der Nacht. Er war alleine. Manchmal wurde seine Einsamkeit von krähenden Raben unterbrochen, welche unerwartet aus den Bäumen, die Nathan am Wegrand begleiteten, in die Finsternis herausflogen. Dies machte die Nacht noch unheimlicher, als sie schon war. Nathan fing an sich Sorgen zu machen. Wo konnte er nur die Nacht verbringen? Weit und breit war kein Haus zu erkennen, nur der schauerhafte Wald umgab Nathan, also musste er weiterziehen. Im Wald würde er sowieso kein Auge zudrücken, dachte sich Nathaniel. Nathan ging ein Stück weiter, bis es immer heller wurde. Er näherte sich dem Waldausgang. Durch einen ihm unbekannten Trieb lief er immer schneller bis er schliesslich ins Rennen kam. Als er förmlich aus dem Wald auf die weite Feldlandschaft herausschoss, blieb er schnaufend stehen. Der wunderschöne Anblick des klaren Sternenhimmels mit dem hellleuchtenden Halbmond am Horizont, hatte der hügligen Feldlandschaft vor ihm, die ganze Aufmerksamkeit geraubt. Nathan versuchte Sternbilder zu erkennen.

„Was macht ein solch junger Mann zu dieser unchristlichen Stunde alleine auf dem Feldweg?" Mit diesen Worten wurde Nathan seiner Gedanken beraubt. Es gefiel ihm wie jeder Stern seinen festen Platz hatte und wie alle Himmelskörper zusammen, ein traumhaftes Bild ergaben.

Nathan drehte sich in die Richtung um, von der er glaubte, die Stimme gehört zu haben. Ein Mann mit Umhang und Kapuze sass stolz auf einer kleinen Kutsche, welche von einem Esel gezogen wurde.

„Das Gleiche kann ich Sie fragen?", entgegnete Nathan wortgewandt.

Der Mönch staunte über die leicht freche Antwort und konnte sich ein kleines Schmunzeln nicht verkneifen.

„Ich bin auf Reisen, mein junger Bursche, genauer gesagt auf der Rückreise in Richtung Orléans. Jetzt müssen Sie mir aber auch verraten, welch ein Vorhaben Sie noch haben zu so später Stunde?"

„Ich bin ebenfalls auf Reisen, in Richtung Norden. Wo liegt denn Orléans, wenn ich fragen darf?"

„Gewiss dürfen Sie. Orléans liegt gen Norden. Wenn Sie wollen, könnte ich Sie bis Orléans mitnehmen? Es ist noch ein weites Stück von hier bis zu ihrem Ziel und ich lasse niemanden gerne alleine so spät in der Nacht."

Nathan nahm zutiefst überrascht umso dankbarer an. Mühsam stieg er die Kutsche empor und setzte sich neben den freundlichen Mann. Erst jetzt merkte er, wie müde seine Beine waren.

„Oh, verzeihen Sie mir meine Unfreundlichkeit. Bei all diesem Geschwätze habe ich vergessen, mich vorzustellen. Mein Name ist Père Jean. Auf welchen Namen wurden Sie getauft, junger Herr?"

„Nathaniel Delon", antwortete Nathan höflich.

„Entschuldigen Sie mir diese peinliche Frage. Sind Sie ein Mönch?"

Jean setzte die Kapuze vom Kopf ab und sprach „Es gibt nur eine dumme Frage, mein Junge. Die verrate ich dir aber erst später. Ja, gut erkannt."

Nun sah Nathan die typische Tonsur zum ersten Mal. Der Dorfpriester hatte ihm einmal davon erzählt, jedoch hatte er sie sich etwas anders vorgestellt.

„Was ist denn die dumme Frage, Vater?" fragte Nathan in seiner Neugierigde.

„Die Frage über die Existenz Gottes, unserem heiligen Vater im Himmel", antwortete Jean mit ruhiger Stimme. Er war nun beschäftigt, die Kutsche wieder in Bewegung zu setzen. Mit einer eleganten Handbewegung schlug er die Zügel, worauf der Esel gehorchte und zu laufen begann.

„Nathaniel, wohin wollen Sie denn gehen, der Norden ist gross, wie Sie sicherlich wissen?"

„Nach Paris, Vater Jean."

„Was treibt denn einen so jungen Mann vom Lande in die geheiligte Landeshauptstadt?"

Es war das erste Mal seit Stunden, dass er wieder an den Brief und an die schreckliche Nachricht denken musste. Schlagartig änderte sich seine Mimik. Er fing leicht an zu zittern und seufzte mehrmals. Vater Jean hatte dies mit seiner guten Menschenkenntnis sofort erkannt und sprach ihn darauf an.

„Was ist denn los mit dir? Du hast etwas auf dem Herzen, nicht war? Du siehst aus, als wärst du gerade dem Teufel begegnet!"

„Nein, alles in Ordnung, mir ist nur ein bisschen kalt", entgegnete Nathan weiterhin seufzend.

„Nathan, eines musst du wissen. Ich erkenne sofort, ob es Menschen gut geht oder nicht. Bei dir trifft sicherlich Letzteres zu. Welches teuflische Ereignis kann einen strammen, jungen Mann wie dich so traurig stimmen?"

Nathan erzählte dem Priester den Grund, wieso er nach Paris gehen wollte. Dieser war geschockt, blieb jedoch ruhig, um Nathan besser zuzuhören und zu helfen. Vater Jean riet ihm:

„Eine wahrhaft schreckliche Geschichte, aber bei Gottes Gnaden, wie stellst du dir das vor, als einfacher Bauer in der grossen Hauptstadt? Ist dir nicht klar, dass du praktisch keine Chance hast, dort zu überleben. Du hast ja nicht einmal ein paar Livres bei dir. Bis auf ein kleines bisschen Nahrung und die Kleidung am Leib besitzt du nichts. Es wäre dein Untergang, in diesem Zustand nach Paris zu gehen."

Nathan war sprachlos! Er hatte keineswegs soweit gedacht. Es war schon nur ein Riesen Glück, dass er diesen Mönchen mit Kutsche getroffen hatte. Er wollte sich gar nicht ausmalen, wie die Nacht sonst ausgegangen wäre.

„Was soll ich denn jetzt machen? Zurück gehen kann und will ich nicht. Ich kenne niemanden ausserhalb von Domme. Eine Tante oder einen Onkel habe ich nie kennengelernt. Ich weiss nicht einmal, ob es diese überhaupt gibt." Nathan war zutiefst enttäuscht, ihm wurde noch das Letzte genommen, was er besass: seine Vision.

Für eine kurze Zeit blieb es ruhig auf der Kutsche. Père Jean schien sich komplett auf sein Zugtier zu konzentrieren und Nathan schaute mit starrer Miene in das Gelände hinaus. Die hüglige Feldlandschaft hatten sie schon lange verlassen. Sie waren wieder in einem Wald, der ähnlich aussah wie der Forst in Domme. Nur Nadelbäume und Laubbäume waren zu sehen, mehr konnte Nathan in der Dunkelheit nicht erkennen.

„Weisst du was, Nathaniel?", unterbrach Jean das Stillschweigen.

„Was?", antwortete Nathan leicht genervt.

„Aufgrund meiner christlichen Güte nehme ich dich mit ins Kloster, falls du überhaupt willst. Dort kannst du dir mit Sicherheit am besten Gedanken machen, was dein nächstes Vorhaben sein wird. Es wäre vielleicht besser, wenn wir deine Vergangenheit verschweigen könnten. Ich will nicht noch unnötig für Furore im Kloster sorgen.

Nathan wurde ein weiteres Mal von Jean überrascht. Er musste nicht lange über dieses wunderbare Angebot nachdenken. Essen und Trinken sowie eine angenehme Übernachtungsmöglichkeit waren ihm nun sicher.

„Wenn Sie dies möglich machen könnten, wäre ich sehr erfreut", sprach Nathan mit erleichterter Stimme.

„Ich halte mein Wort in Gottes Namen."

Die Stimmung auf der Kutsche war wieder besser geworden. Sie sprachen über alle möglichen Themen und hatten gar nicht mitbekommen, dass die Sonne so langsam und zärtlich wie sie nur sein konnte, die Nacht zum Tag werden liess. Im goldenen Sonnenaufgang fuhren sie Richtung Benediktinerkloster Fleury à Saint-Benoît-sur-Loire, der neuen Heimat von Nathan.

„Nathan, Nathan, wach auf, wir sind bald da", weckte Jean Nathan, der die letzten Stunden der Fahrt schlafend verbracht hatte. Nathan öffnete langsam und gähnend die Augen und schaute sich um. Sie fuhren auf einem Feldweg die Loire entlang. Die Landschaft gefiel ihm sehr gut; auf der rechten Seite des Weges befanden sich ähnlich wie in Domme viele, weite Ländereien. Gegenüber floss der stark strömende Fluss. Nathan hatte noch nie so viel Wasser auf einmal gesehen. Er konnte sich gar nicht vorstellen, wohin eine so grosse Menge an Wasser fliessen konnte. Die Situation, in der er sich im Augenblick befand, erschien ihm sehr aufregend, denn noch nie war er alleine so weit weg von zu Hause gewesen. Er sah neue Landstriche Frankreichs und hatte absolut keine Ahnung, was ihn in den nächsten Tagen, Wochen oder Jahren erwarten würde. Nur eines konnte er ausschliessen, nämlich, dass er wieder zurück nach Domme gehen würde, um den Rest seines Lebens als Bauer zu verbringen. Trotzdem vermisste er seine Eltern ein wenig. Er wollte ihnen schreiben, sobald er Zeit hatte.

„Nathaniel, schau, dort vorne ist die Abtei."

Mit gestrecktem Finger zeigte Jean auf ein mehrstöckiges, langes Gebäude mit zwei spitzen Türmen.

Sie mussten um die ganze Abtei herumfahren, da der Eingang, das Nordportal, auf der gegenüberliegenden Seite ihrer Anfahrtsrichtung lag. Als sie auf dem Vorplatz der Abtei ankamen, warteten dort schon zwei junge Männer, welche ein braunes Gewand trugen, um Père Jean die Kutsche abzunehmen. Jean zeigte Nathan, wo er auf ihn warten solle. Nachdem Jean die zwei Helfer freundlich begrüsst hatte, ging er zu seinem Reisegefährten. Nun konnten sie in die grossräumige Abtei eintreten. Jean polterte mit seiner Faust mehrmals gegen das riesige Eingangstor. Kurze Zeit später öffnete sich mit einem leisen Knarren langsam die eiserne Tür. Jean trat sofort ein; Nathan blieb jedoch draussen stehen. Er staunte über die etlichen in Stein gemeisselten Figuren, welche um das ganze Tor verteilt waren.

„Nathan, kommst du bitte, ich möchte dir deinen Schlafraum zeigen", drängte Jean.

Sofort gehorchte Nathan und trat ebenfalls in die romanische Abtei ein. Das Tor schloss sich wieder. Sie befanden sich nun in einem kleinen Eingangsraum, verliessen diesen jedoch schnell und kamen in einen langen Korridor. Nathan fiel auf, dass das Entrée sowie der Korridor in dem sie sich befanden, den gleichen Steinboden hatten. Auch die Decke war gleich hoch. Jean brachte Nathan in ein Zimmer, dass zu hinterst auf der linken Seite des Korridors lag. Auch dieses Zimmer hatte denselben kalten Steinboden, die Decke war hier jedoch tiefer. Nathaniel bekam ein Zimmer für sich alleine, darüber war er sehr froh.

„Nathan ist alles gut soweit? Ich lasse dich ein paar Stunden schlafen. Danach möchte ich dir das ganze Kloster zeigen. Ich werde ebenfalls die nächsten Stunden ruhen. Warte hier bitte, bis ich dich holen komme."

„Ja, ist alles in bester Ordnung, ich weiss gar nicht wie ich Ihnen, Vater Jean, nur danken soll. Ohne Sie wäre ich verloren gewesen."

„Du musst nicht mir danken, danke unserem lieben Gott", sprach Jean mit grosser Bescheidenheit und verliess das Zimmer.

Nathaniel war zufrieden mit seinem Zimmer. Er musste es auch sein, weil er ohne Jean wahrscheinlich irgendwo draussen in der kalten und nassen Natur hätte schlafen müssen. Das Zimmer war aber kleiner als sein altes in Domme; es hatte auch keinen Wandkasten oder Schrank für seine Kleider. In diesem Moment konnte ihm dies sowieso gleichgültig sein, weil er bis auf die Kleidungstücke, die er trug, keine besass. Todmüde von den letzten zwei harten Tagen, liess er sich ins Bett fallen und schlief schnell tief ein.

Einige Stunden später weckte Jean wie angekündigt Nathan und zeigte ihm die ganze Abtei. Nathan zeigte vom ersten Moment an grosses Interesse, über welches sich Jean sehr freute. Als der Möch ihm alle Räumlichkeiten des Klosters gezeigt hatte, darunter die Klosterkirche, den quadratischen Klosterhof mit dem umgebenden Kreuzgang, den Speisesaal, die vielen Schlafräume der Mitbewohner, das Klosterkapitel und noch vieles mehr, fragte Nathan nach Tinte und Papier, weil er seinen Eltern noch einen Brief schreiben wollte. Nathan hatte ein schlechtes Gewissen, dass er seine Eltern in Domme einfach alleine gelassen hatte. Er konnte sich nicht vorstellen, wie sein Scheinvater die viele harte Arbeit alleine bewältigen würde. Irgendwie werden sie es aber schon schaffen, dachte er sich. Zu später Stunde hatte er seinen Brief fertig geschrieben. Er schrieb ihnen, wie er Vater Jean kennengelernt und dass dieser ihn mit in die Abtei genommen hatte. Auch dass es ihm gut gehen würde, damit sie sich beruhigt wieder auf ihr eigenes Leben konzentrieren könnten. Père Jean bot Nathan seine Brieftaube an, um den Brief zu verschicken. Nathan schrieb auf Rat von Jean die Adresse der Dorfkirche auf den Umschlag, damit der Priester bei der Sonntagsmesse den Brief seinen Eltern aushändigen könnte. Mit gutem Gewissen band Nathan den Brief an den zerbrechlichen Fuss der Taube und schaute ihr nach, wie sie am goldenen Horizont in Richtung Domme verschwand.

Der Schatten des Glücks (Acedia)

Maxim wurde älter und sein Leben immer mehr Routine. Er war mittlerweile vierundzwanzig Jahre alt und noch einmal gewachsen. Er trug jetzt stetig einen Bart und seine braunen Haare waren fast schulterlang. Maxim war ein strammer grosser Bursche geworden. Er wohnte seit dem Tag, an dem er und Laura sich kennengelernt hatten, mit ihr in ihrer Wohnung in der

Rue des Quatre Chapeaux. Dass die beiden unverheirateten Partner zusammen wohnten, war ziemlich ungewöhnlich, und viele der Nachbaren lästerten über sie. Laura und Maxim hatten deswegen nicht den besten Ruf in der Nachbarschaft, doch das war ihnen egal. Vor allem den streng katholischen Leuten war ihr eher unchristliches Leben ein Dorn im Auge. Anfangs gingen die beiden noch zur Sonntagsmesse, doch da sie sich stets strengen Blicken ausgesetzt fühlten, verzichtete Laura dann auf den Kirchengang und dem sowieso eher ungläubigen Maxim war das auch recht, nicht mehr dort hingehen zu müssen.

Er war eigentlich wie auch Laura den ganzen Tag zu Hause und machte nichts. Nur einmal in der Woche traf er sich mit Jacques Pierre Brissot, einem guten Freund. Maxim hatte Jacques eines Abends in einer Bar in Lyon kennengelernt. Die beiden teilten die gleichen Interessen und hatten sich schnell angefreundet. Seither trafen sie sich jeden Samstag zu einer lockeren Kartenrunde in Jacques' kleiner Wohnung. Jacques war zwar in Chartres, einer kleineren Ortschaft südwestlich von Paris, geboren, war aber kurz nach seiner schulischen Ausbildung nach Paris gezogen. Dort arbeitete er als Schriftsteller. Sein Vater hatte Jacques schon früh zur Verantwortung erzogen. Als dreizehntes von siebzehn Kindern konnte man ihm nämlich keine allzu grosse Aufmerksamkeit schenken. Den Sommer verbrachte Jacques jedoch stets in Lyon, da ihm Paris zu dieser Jahreszeit zu hektisch war. Er gab in Lyon während dem Sommer mehrere Nachhilfeunterrichtsstunden im Fach Französisch. Kinder, welche Mühe hatten, konnten bei Jacques während den Sommerferien den Schulstoff aufarbeiten. Da vor allem Kinder aus reichen Familien dieses Angebot nutzten, konnte Jacques mit dieser Tätigkeit einigermassen gut über die Runden kommen und lernte die Arbeitswelt schon früh gut kennen. Und da er immer ein guter Schüler war, machte ihm der Schulstoff der Kinder keine Mühe. Ausser Jacques, Laura und ein paar anderen

Leuten, welche Maxim ab und zu in einer Bar oder sonst irgendwo in der Stadt antraf, kannte Maxim niemanden.

Es war ein warmer Sommerabend und Maxim war wieder einmal bei Jacques zu Gast. Die beiden sassen an Jacques rundem Holztisch und spielten eine Partie Pharaon. Es war völlig stickig im kleinen Raum, denn die beiden hatten kein Fenster offen, aber rauchten pausenlos.

„Wie geht es Laura?", fragte Jacques gelassen.

„Gut. Ich habe endlich das Gefühl angekommen zu sein, verstehst du? Ich habe keinerlei Geldsorgen oder sonstige Probleme. Ich muss nichts tun. Ich und Laura sind glücklich und verstehen uns gut. Ich kann also über nichts klagen mein werter Freund."

„Maxim, ich will dir nichts kaputt machen, aber pass gut auf dich auf! Ich kenne dich zwar erst seit deiner Zeit in Lyon, aber ich glaube, es nicht deine Art, auf der faulen Haut herumzuliegen! Ich bin aus einer grossen Familie und hatte es nie einfach. Irgendwann musste ich mein Leben ordnen und habe den grossen Schritt nach Paris gewagt. Wie du siehst, bin ich auf dem besten Weg ein tolles Leben zu führen, aber was du geniesst, ist nicht dein Verdienst! Ich warne dich, mein Freund!"

Maxim riss seine Augen auf und schaute Jacques mit offenem Mund an.

„Du bist doch mein Freund. Wie kannst du so etwas sagen?"

„Du bist ähnlich wie ich Maxim. Ich schätze dich als einen eifrigen Menschen ein, aber das was du jetzt tust, ist Müssiggang."

Maxim konnte nicht verstehen, was Jacques ihm vorwarf und sagte:

„Magst du mir denn nichts gönnen? Ich hatte nie ein unbeschwertes Leben und jetzt habe ich ausgesorgt. Ich dachte nie, dass ich mal so weit komme und du gönnst es mir nicht!"

„So ist es nicht, Max. Ich denke nur, dass du nicht dein ganzes Leben nach Laura richten solltest, nur weil du an einem Tag mal per Zufall durch Lyon gefahren bist. Und hast du etwa deine Mutter ganz vergessen?"

Maxim wurde sauer, da er genau wusste, dass Jacques recht hatte, aber er mochte es nicht, wenn man über seine Mutter sprach. Er stand auf und brüllte:

„Du bist mein Freund, aber misch dich nicht in private Angelegenheiten ein, welche dich nichts angehen! Ich liebe Laura und mein Leben hier. Meiner Mutter geht es gut, sie hat Bedienstete eingestellt und ich sende ihr regelmässig ein wenig Geld. Ausserdem werde ich sicher irgendwann zurückkehren, aber das geht dich sowieso nichts an."

„Hör mir zu Maxim. Ich werde morgen nach Paris zurückfahren und ich möchte, dass du mitkommst. Du hast, genau wie ich auch, Visionen und diese kann ich gut brauchen. Du musst dein Ziel einer Ausbildung wieder vor Augen bekommen, ehe du hier elendiglich verrottest!"

„Wieso verstehst du mich nicht? Laura und ich..."

Jacques unterbrach Maxims Satz mit einem lauten Schlag auf den Tisch, durch den sämtliche Gläser ihren Inhalt an die Umgebung verloren, und sagte erzürnt:

„Sieh dich an, Max. Du bist jung. Was hält dich denn bitteschön hier?"

Maxim schüttelte den Kopf.

Jacques fuhr fort:

„Frankreich ist nicht mehr zeitgemäss und das weisst du! Ich bin vielleicht noch jung, aber ich bin ein gescheiter Kopf und sehe die Probleme!"

„Was willst du kleiner Mann schon ändern?"

„Ich alleine nichts. Aber manchmal kann ein Schwarm kleiner Fische einen Hai in die Flucht schlagen."

Die beiden schwiegen einige Minuten.

Maxim trank den letzten Schluck Rotwein, der noch in seinem Glas übrig war, zog seinen Mantel an, zündete sich eine Pfeife an und lief in Richtung Ausgang. Noch bevor Maxim die Türschwelle übertreten hatte, rief ihm Jacques hinterher:

„Falls du es dir anders überlegst, meine Kutsche geht morgen früh bei Sonnenaufgang weg von hier. A bientôt mon ami!"

Maxim verdrehte dabei nur die Augen und verliess dann das Haus. Er war genervt von Jacques Worten und versuchte nicht mehr daran zu denken.

Es war schon dunkel draussen, aber Maxim war trotzdem früh dran. Normalerweise blieb er noch bis in die späten Abendstunden bei Jacques. Er machte auf dem Heimweg noch einen Zwischenhalt in einer Boulangerie, welche gerade schliessen wollte, aber Maxim schaffte es dennoch, ein Baguette und etwas Käse für das Abendessen einzukaufen. Er wollte Laura damit überraschen, denn normalerweise kaufte er nie ein. Obwohl er krampfhaft versuchte, Jacques Worte aus seinem Kopf zu verbannen, kehrten sie immer wieder in seine Gedanken zurück. Er hatte Jacques immer als einen guten Freund eingestuft, weshalb er nicht verstand, wie er solche Sachen sagen konnte.

Maxim lief gemächlich nach Hause und blickte in die fast leeren Gassen Lyons. An der Rue des Quatre Chapeaux angekommen, suchte er seine Schlüssel. Er freute sich, nach dem, was passiert war, auf Laura, denn er wollte ihr davon erzählen. Frustriert kam Maxim zu Hause an und drehte den Schlüssel im Loch um. Er zog seinen Mantel aus und lief danach die Holztreppe hoch. Im Flur war ungewöhnlich ruhig, weshalb Maxim geschwind die Treppe empor lief. Er stand nun vor der Schlafzimmertür und hörte von innen seltsame Geräusche. Neugierig machte er die Tür auf und sah Laura und einen fremden Mann in ihrem Bett liegen. Maxim liess das Baguette und den Käse auf den Boden fallen und blieb stehen. Er war geschockt. Laura band sich ein Laken um und stand sofort auf.

„Es tut mir leid, Maxim. Sehr sogar."

Maxim schluckte einmal und antwortete:

„Wie konntest du nur?"

„Ich wusste nicht, dass du schon so früh zurückkommst."

„Das ist keine Entschuldigung!"

Maxim wurde sauer, als der Mann ebenfalls aufstand, ohne sich anzuziehen.

„Wie kannst du Bastard es wagen, nackt in meiner Wohnung zu stehen?"

Der betrunkene Mann antwortete stotternd:

„Frag doch deine Partnerin."

In diesem Moment wurde Maxim so sauer, wie er es noch nie gewesen war. Er stürmte in Richtung des Unbekannten und schlug ihm direkt die Faust ins Gesicht. Der Mann fiel zu Boden und blutete aus der Nase und war benommen. Laura fing an zu weinen.

„Ich werde jetzt meine Sachen packen und verschwinde von hier. Ich habe sowieso nur Zeit verschwendet mit dir, du Hure!"

Laura weinte stark und sagte:

„Bitte geh nicht! Ich brauche dich. Das tut mir alles so leid. Ich weiss nicht, wie es passieren konnte."

Maxim hatte inzwischen schon alle seine Kleider in eine Tasche gepackt und lief, ohne etwas zu sagen, aus dem Haus. Tränen liefen ihm über die Wangen, welche er sich aber direkt wieder wegwischte. Mit einem lauten Zuschlagen der Türe verbannte er Laura aus seinem Kopf und hoffentlich auch aus seinem Leben.

Nach der Wut kam bei Maxim üblicherweise die Trauer und so war es auch an diesem Tag. Er lief mit gesenktem Haupt durch die dunklen Gassen Lyons, ohne zu wissen, wo er schlafen würde, denn zu Jacques wagte er sich nicht nach ihrem kleinen Streit. Dafür war er zu stolz. Nach einer gefühlten Ewigkeit fand Maxim am Ufer der Loire einen kleinen Park mit gemütlich aussehenden Bänken. Er dachte sich, dass er lieber einigermassen würdevoll hier nächtigen würde, als sich bei Jacques zu entschuldigen. Er schnaufte tief durch, hob seinen Kopf zum Himmel und sagte mit leiser und weinerlicher Stimme:

„Gott, oder sonst irgendjemand da oben, der mich hört. Wieso tust du mir das an? Ich war doch stets brav! Ich habe zwar selten mit dir gesprochen, doch ich frage mich, wieso du mich richtest." Danach wartete er einige Momente auf irgendeine Antwort oder ein Zeichen; als dies jedoch erwartungsgemäss nicht eintraf, legte er sich auf eine Bank, deckte sich mit seinem Mantel zu und schlief ein.

Es war keine gute Nacht für Maxim, denn er erwachte aufgrund der, wie sich mit der Zeit herausstellte, unbequemen Lage immer wieder und ihm war kalt. Er fing an nachzudenken und versuchte sein Unverständnis für Jacques Worte noch einmal zu überdenken. Er merkte schnell, dass Jacques doch nicht so falsch gelegen hatte, wie er zunächst angenommen hatte. Vieles hatte sich im Laufe seiner inzwischen schon sieben Jahren in Lyon verändert. Er erkannte, als er seine Zeit hier innerlich noch einmal durchspielte, dass er tatsächlich die ganze Zeit nichts getan hatte. Maxim dachte an seine Mutter und realisierte erst jetzt, wie selten er sich bei ihr gemeldet hatte und, dass er ursprünglich wegen ihr auf diese Reise gegangen war. Er fühlte sich schuldig und vergoss eine Träne. Sie wusste zwar, dass er in Lyon sesshaft war, hiess das ganze aber nicht mit voller Überzeugung gut. Sie war weiterhin der Auffassung, dass Maxim die Lehre zu Ende bringen sollte, doch Maxim hatte das immer ignoriert, da er mit seinem sorglosen, aber trägen Leben in Lyon zufrieden war. Erst jetzt merkte er, frierend auf der Bank sitzend, welchen Luxus er sich in den letzten Jahren gegönnt hatte. Vielleicht war jetzt der richtige Zeitpunkt, das Leben wieder selbst in die Hand zu nehmen und noch einmal neu zu beginnen. In Lyon hielt ihn nun sowieso nichts mehr. Er machte mit diesen Erkenntnissen erneut die Augen zu und schlief noch ein wenig.

Am nächsten Morgen wurde Maxim durch die Sonnenstrahlen, welche durch die grünen Kastanienblätter schienen, geweckt und stand ohne zu zögern auf. Sofort wollte er zu Jacques Haus gehen, denn er wollte mit ihm nach Paris mitreisen. Ohne zu zögern packte er alles zusammen und machte sich geschwind auf den Weg zu Jacques, in der Hoffnung, dieser sei noch nicht abgereist. Er eilte durch die Stadt und gelang in kürzester Zeit zu Jacques Haus. Am Strassenrand stand eine Kutsche und zwei Leute standen wartend davor. Maxim eilte zu ihnen und erkannte auf halber Strecke, dass es Jacques und ein mit Zylinder gekleideter Kutscher waren.

„Habt ihr etwa auf mich gewartet?", fragte Maxim keuchend.

„Ich wusste, dass du kommen wirst, mein Guter", antwortete Jacques.

„Bist du mir nicht böse?"

„Nein. Ich kenne dich und ich wusste, du wirst dich für das Richtige entscheiden."

„Es ist viel passiert, ich weiss nicht, ob ich mich gleich entschieden hätte, wenn gestern alles beim Alten geblieben wäre. Es ist ein Zufall, dass ich jetzt vor dir stehe!"

„Du kannst mir auf der Reise erzählen, was geschehen ist, wir müssen jetzt los. Und vielleicht war es ja auch Schicksal und kein Zufall."

„Ich verstehe", flüsterte Maxim lächelnd.

Der Kutscher hustete und sagte dann mit tiefer Stimme:

„Nächster Halt Paris, mes messieurs!"

Das Gewitter (Luxuria)

„Nathan, du musst aufwachen, ich muss mit dir reden".

„Was ist so wichtig, dass Sie mich so früh am Morgen aufwecken, Père Jean?", fragte Nathan, der sich noch einmal in seinem warmen Bett umdrehte, um möglichst viele weitere friedliche Minuten darin verbringen zu können.

Jean lief langsam aus dem Zimmer, bei der Tür hielt er kurz an und drehte sich zum schlummernden Mann um.

„Ich erwarte dich in zehn Minuten in meinem Büro, es ist wirklich wichtig, Nathaniel!"

Nathan war nun schon einen Monat in der Abtei, doch in dieser Zeit hatte er Père Jean bis jetzt nie so ernst und bestimmt auftreten gesehen, wie er es gerade getan hatte. Sein Puls fing plötzlich an, schneller zu schlagen. Nathan wurde sehr nervös und verlor schlagartig die Müdigkeit, die er zu früher Stunde immer verspürte. Mit einem Satz hüpfte er aus dem Bett, dann zog er seine ganze Mönchskleidung an, bestehend aus Tunika, Untergewand, Gürtel, Schulterkleid mit Kapuze und Hausschuhen. Jetzt konnte er sein Schlafgemach verlassen. Schnell lief er in das Büro von Vater Jean. Als Nathaniel den Amtsraum von Père Jean erreicht hatte, blieb er kurz vor der Tür stehen und schnaufte nochmals tief durch, bevor er eintrat. Ohne anzuklopfen, öffnete Nathan die Türe und betrat das kleinräumige Zimmer. Mit wenigen Schritten stand er vor dem Pult, an dem Jean bereits Platz genommen hatte. Erst nachdem sich Nathan auf den für ihn vorgesehen Stuhl gesetzt hatte, bemerkte er die vielen, leuchtenden Kerzen auf dem Pult.

„Père Jean, wieso haben Sie so viele Kerzen angezündet? Findet heute ein spezieller Anlass statt, von dem ich noch nichts weiss?"

Jean sah Nathan, ohne etwas zu sagen, an. Er strahlte immer noch diese Ernsthaftigkeit aus, die Nathan als sehr beunruhigend empfand. Nathaniel blieb für kurze Zeit ebenfalls still. Plötzlich begann Vater Jean zu sprechen:

„Nathan, weisst du noch, als du an deinem ersten Tag im Kloster deinen Eltern einen Brief geschrieben hast?"

„Ja gewiss, was ist denn mit dem Brief?"

„Du hast heute Morgen eine Antwort bekommen, jedoch nicht von deinen Eltern, sondern vom Dorfpfarrer. Es schmerzt mich zutiefst in meinem Herzen, dir diese Lettre übergeben zu müssen."

Père Jean übergab Nathan mit zitternder Hand das Pergament. Danach lief er zum Fenster, als wollte er sich vor Nathan verstecken. Nathan beabsichtigte den Umschlag zu öffnen, doch er konnte sich nicht überwinden. Er fing an, sich Gedanken zu machen. Jean hatte sich schon heute Morgen im Zimmer seltsam verhalten und jetzt wieder. Es musste irgendetwas passiert sein. Das letzte Mal, als er einen Brief gelesen hatte, hatte dies sein Leben komplett verändert und er war an diesen besinnlichen Ort gekommen. Er hatte ein neues Leben als Schüler Gottes begonnen und hatte sein Bauernleben hinter sich gelassen. Könnte ihm dies nun erneut passieren? Je länger er wartete, den Umschlag aufzureissen, desto ängstlicher wurde er. Er konnte den Umschlag einfach nicht öffnen.

„Père Jean, was ist passiert? Bitte helfen Sie mir, ich kann den Umschlag nicht öffnen, ich verspüre eine zu grosse Angst."

Nathan wurde immer hektischer und sprach immer schneller. In seiner unglaublichen Panik, warf er den Umschlag in das kleine Kerzenmeer auf dem Pult. Schlagartig verbrannte das Pergament, bevor Père Jean reagieren konnte. Der Umschlag war verschwunden. Es war nur noch die Asche des Papieres zu sehen. Père Jean eilte zu Nathan,

„Beruhige dich, Nathaniel, atme tief durch!"

Nathan erholte sich von seinem kurzen Gemütsanfall und fragte Jean ein weiteres Mal:

„Père Jean, bitte sagen Sie mir jetzt, was geschehen ist, ich halte es kaum noch aus!"

Jean holte zweimal tief Luft und sprach mit gebrochener Stimme:

„Hör zu, mein Junge, es tut mir leid, doch im Brief steht, dass deine Eltern gestorben sind. Sie wurden bei einem Unwetter im Wald von einem Baum erschlagen und letzte Woche tot aufgefunden. Deine Eltern haben bereits ihren Platz unter der Erde gefunden und ruhen nun im Himmel. Dies ist auch der Grund, wieso ich so viele Kerzen auf meinem Pult aufgestellt und angezündet habe. Lass uns zu ihren Ehren beten, Nathaniel!"

Nathan war geschockt. Er starrte für einen kurzen Moment ins Leere und verlor jegliche Empfindung. Als er erneut zu Père Jean schaute, realisierte er wieder, was geschehen war. Langsam verschloss er seine zitternden Hände und begann weinend mit Vater Jean zu beten. Nach dem Gebet verliess Nathan nun am Boden zerstört das Zimmer.

Père Jean sass noch eine Weile an seinem Pult und überdachte die vergangenen Stunden. Besonders eine Sache beschäftigte ihn stark:

War es falsch, Nathan anzulügen? Hätte ich ihm die Wahrheit über den Tod seiner Eltern sagen sollen, dass sein Vater seine Mutter mit einem Kissen erstickt hatte und dieser dann aufgrund seiner sündigen Tat hingerichtet worden war? Nein, es wäre zu viel gewesen, Nathan war schon am Boden zerstört gewesen, bevor er die Nachricht von mir erhalten hatte und er sollte seine Eltern als glückliches Ehepaar in Erinnerung haben und nie von dieser Tragödie erfahren. Die Wahrheit wird ihm wahrscheinlich nie zu Ohren kommen, da der Brief ja verbrannt ist, dachte sich Jean.

Zur gleichen Zeit lief Nathan in sein Zimmer. Er wollte alleine sein, und blieb dort den ganzen Tag. Nur am Abend verliess er sein Zimmer. Er ging jedoch nicht zum Abendessen, wie es um diese Zeit eigentlich üblich war, sondern betrat die Klosterkirche. Als er eintrat, bemerkte Nathaniel, dass die hölzerne Spesentruhe auf dem Boden lag. Jemand musste sie beim hinausgehen unabsichtlich umgeworfen haben. Nathan stellte sie wieder an ihren Platz neben der Türe. Danach lief er fast lautlos durch das Langhaus, bis er etwa in der Mitte auf der rechten Seite die Joseph Statue erreichte. Nathan hatte dieses Ziel bewusst gewählt, zu Ehren seines verstorbenen Vaters. Die Statue war auf einem kleinen Podest aufgestellt. Wie die meisten Statuen im Kloster war sie aus Marmor und sehr detailliert bearbeitet. Es war ein Mann mittleren Alters und mit Vollbart zu sehen, der zu seinem jungen Kind Jesus schaute, welches er in seinem linken Arm hielt. Beide waren mit Gewändern eingekleidet. Für Nathan sah es aus, als würde der Mann dem kleinen Knaben sanfte Worte in das Ohr flüstern, damit er einschlafen konnte. Nathan blieb noch einen kurzen Moment mit geschlossenen Augen vor der Skulptur stehen und richtete ein paar Worte an sie. Danach drehte er sich um und lief auf die andere Seite. Dort stand eine zweite ähnliche Statue, jedoch war es diesmal Maria. Auch diese hatte er bewusst ausgewählt, zu Ehren seiner verstorbenen Mutter. Wie bei der ersten Statue betete er auch vor dieser, um die Trauer besser verarbeiten zu können. Dieses Ritual führte er nun täglich zur selben Zeit und bei den gleichen Skulpturen durch. Mit müden und geröteten Augen verliess er das Langhaus in Richtung seines Zimmers, um sich schlafen zu legen. Er brachte jedoch in der folgenden Nacht kein Auge mehr zu.

Die Zeit verging wie im Flug und Nathan lernte mit der Trauer zu leben. Nun war es schon vier Jahre her, seit seine Eltern gestorben waren. Père Jean hatte sich in dieser Zeit sehr gut um ihn gekümmert und war zu Nathans stärkster Bezugsperson im Kloster geworden. Sie sprachen täglich über das Leben und seine steinigen Wege. Nathan fühlte sich in der Nähe von Jean sehr geborgen. Mit den anderen Mitbewohnern und Geistlichen hatte er nicht so viel zu tun. Sie gaben ihm jedoch auch ein Gefühl von Geborgenheit. Manchmal wurden auf dem Flur oder bei den täglichen Essenszeiten ein paar Worte ausgetauscht.
Sein Tagesablauf war ziemlich anstrengend. Das Leben im Kloster war durch das Motto Ora et labora et lege geprägt. Nathan wollte nicht im Bereich der Landwirtschaft arbeiten. Auf Wunsch von Nathaniel teilte ihn Jean bei sich in der Klosterbibliothek ein. Mit seinen neunundzwanzig Jahren wollte Nathaniel endlich mal etwas anderes tun. Er musste den ganzen Tag die Bücher sortieren bzw. einräumen und manchmal durfte Nathan Jean beim Übersetzen helfen. Die neue Arbeit gefiel Nathaniel sehr gut, da er zwischendurch in den Büchern einzelne Abschnitte las und somit seine Lesefähigkeit fördern konnte. Das

Gebet stand im Klosteralltag dennoch im Vordergrund, denn die Arbeit sollte lediglich zum Ausgleich dienen und den Lebensunterhalt der Gemeinschaft sichern. Jeden Tag mussten sie die strengen Gebetszeiten einhalten. Die erste Gebetszeit war die Vigil, die sie jeweils am frühen Morgen verrichteten. Bei Tagesanbruch zwischen sechs und acht Uhr wurde die Laudes abgehalten. Dann folgten die kleinen Horen Prim, Terz, Sext und Non. Mit der Vesper endet jeweils ihr Arbeitstag. Der Tag wurde mit dem Nachtgebet, der Komplet beendet. Nathan brauchte einige Wochen, um die komplexen Rituale zu beherrschen. Das Einheitsgefühl, dass bei den Gebeten in der brüderlichen Gemeinschaft entstand, verlieh ihm jedes Mal viel Kraft und Willen für den langwierigen Tag.

Einige Wochen später, an einem Samstag, stand für Nathan ein gewöhnlicher Tag in der Abtei Saint Fleury bevor. Das Wetter war schlecht, viele dunkelgraue Gewitterwolken zogen am Himmel auf. Die Abtei bereitete sich auf ein starkes Unwetter vor und hatte Angst, dass die Loire über die Ufert treten würde, wie es in der Vergangenheit schon mehrmals der Fall gewesen war. Die Stimmung im Kloster war angespannt. In letzter Zeit wurden viele neue Schüler und Geistliche in Saint Fleury aufgenommen. Die Abtei war bis auf den letzten Platz voll. Ein weiterer Grund für die schlechte Stimmung waren die vielen Kinder von Orléans, die in der Abtei die Sonntagsschule besuchten. Sie konnten unmöglich nach Orléans zurückkehren; dies wäre viel zu gefährlich gewesen. Deshalb beschlossen Père Jean und seine Brüder, die vielen Kinder inrendwie in der Abtei unterzubringen, bis sich die schlechte Wetterlage verbessert hatte. Auch Nathans Befindlichkeit war angespannt. Er hatte zwar schon kleinere Gewitter im Kloster erlebt, aber solch massive Gewitterwolken waren auch ihm fremd. Unter den Anweisungen von Père Jean erledigte er Auftrag für Auftrag. Zuerst half er den anderen Mönchen, alle Bänke, Stühle und Topfpflanzen, welche auf dem grossen Vorplatz vor dem Nordportal verteilt waren, in die Eingangshalle zu transportieren. Danach musste er zusammen mit den Kindern den Speisesaal frei räumen, um die unvorhergesehenen Gäste dort unterzubringen. Sie stellten alle Tische und Sitzbänke an die Wände des Saales, damit in der Mitte eine grosse Fläche frei wurde. Als letzter und aufwändigster Auftrag mussten Nathan und andere Geistliche auf die Kinder aufpassen bis das Unwetter vorüber war. Nathan hatte die Idee, Wasser und frische Früchte aus der Küche zu holen, damit die jungen Menschen sich etwas beruhigen konnten. Dies taten sie dann auch. Die Kinder waren im Nu abgelenkt und strahlten keinerlei Angst mehr aus. Als Nathan die essenden und trinkenden Kinder sah, musste er kurz lächeln. Es war einer der besinnlichsten Momente der letzten Zeit für ihn. Nach der kleinen Verpflegung, mussten sich die Kinder schlafen legen. Es ging nicht lange, bis auch Nathan einschlief. Er war sehr müde vom kraftraubenden Tag. Mitten in der Nacht wachte Nathan plötzlich auf; er hatte schlecht geträumt. Während er wieder versuchte einzunicken, fiel ihm ein, dass er vergessen hatte, sein Ritual im Langhaus durchzuführen. Durch die vielen unvorhersehbaren Situationen im Verlauf des Tages hätte er es zum ersten Mal seit vier Jahren vergessen. Zum Glück war er nochmals aufgewacht. Er rieb sich kurz seine müden Augen und schlich sich dann aus dem Speisesaal. Im Langhaus angekommen ging er seinem Ritual nach und betete zu den beiden Skulpturen. Mit gutem Gewissen verliess er die Kirche. Er lief gemütlich in die Richtung zurück, aus der er gekommen war. Gerade als er die Türklinke des Speisesaals hinunterdrückte, hörte er ein spezielles Geräusch. Er liess die Türklinke los und hielt einen kurzen Moment inne. Als er die Türe erneut öffnen wollte, hörte er die seltsamen Geräusche ein weiteres Mal. Nathan wurde neugierig und wollte wissen, woher diese Laute stammten. Er lief in die Richtung, von der er geglaubt hatte, die Geräusche zu hören. Sie wurden lauter und deutlicher, nach einer Weile konnte Nathan die Laute zuordnen. Es waren Schreie! Nathan lief immer schneller, bis er rannte. Wenn er sich nicht täuschte, kamen die schrecklichen Schreie aus der Küche. Nathan war sich gar nicht mehr bewusst, in was für schlimme Situationen er sich bringen könnte. Fünfzig Meter vor der Küche hielt Nathan plötzlich an, die Schreie waren verstummt. Er wartete ab, ob das Geschrei erneut begann. Nach einem kurzen Moment der Stille waren die grässlichen Notrufe wieder zu hören. Die letzten Meter lief Nathan möglichst lautlos auf seinen Zehenspitzen. Die Schreie waren jetzt ganz deutlich zu horen, sie stammten von einem Kind. Nathan versuchte von lauter Aufregung einen klaren Gedanken zu fassen. Er musste in die Küche eintreten und schauen, woher die Schreie kamen. Mit einer vorsichtigen Bewegung öffnete der Neugierige die Küchentüre. Dann wartete er kurz, ob sich irgendetwas in der Küche regte. Nichts! Flink trat er in den dunklen Raum ein und versuchte, sich zu orientieren. Dies war sehr schwierig, weil er sich einerseits lautlos bewegen wollte, um mögliche Gefahren zu vermeiden und anderseits wurde er permanent von den grausamen, lauten Schreien abgelenkt. Durch seinen gut ausgebildeten Tastsinn fiel es ihm nicht schwer, in der Dunkelheit zurechtzukommen. Er kroch am grossen hölzernen Tisch entlang, an dem normalerweise die Esswaren bearbeitet oder sortiert wurden. Nur wenige Meter vom Tisch entfernt konnte Nathan die zwei grossen Kochtöpfe samt Feuerplatz erkennen. Es wurde wieder ein wenig heller im Raum. Nathaniel versteckte sich zunächst hinter den Töpfen. Er war nur noch wenige Meter von den Kinderschreien entfernt. Plötzlich hörte er eine weitere kühle Stimme Laute von sich geben, es war noch eine dritte Person im Raum. Nathan versuchte, sich nur noch auf die ihm zunächst unbekannte Stimme zu konzentrieren. Es war eine Männerstimme. Eine ihm doch sehr vertraute Stimme. Mit grossem Schrecken stellte er fest, dass es die unverwechselbare, tiefe Stimme von Père Jean war, die er hörte. Nathan nahm all seinen Mut zusammen und wagte einen Blick hinter die Kochtöpfe. Schlagartig wich er wieder zurück. Er traute seinen Augen nicht. Er schaute ein weiteres Mal an seinem Versteck vorbei. Nathaniel war geschockt. Er konnte nicht glauben, was er sah. Alle seine Vermutungen der letzten fünf Minuten stimmten. Père Jean mit schweissnassem Gesicht war im Raum, sowie ein schreiendes Kind, an dem er sich lustvoll vergnügte. Nathan hielt es nicht mehr aus, und stürmte unvorsichtig aus der Küche auf den Flur hinaus. Père Jean bemerkte sofort, dass jemand im Raum gewesen sein musste und beendete seine sündhafte Tat. Gestresst verliess auch er den Tatort und zog sich in sein Büro zurück. Das misshandelte Kind blieb alleine in der Küche zurück. Als Nathan seinen Schlafraum erreicht hatte, war er immer noch fassungslos. Er wollte es nicht wahrhaben. Zugleich war er von seinem Mentor masslos enttäuscht. Wie nur konnte eine solch liebenswürdige, herzenswarme Person wie Père Jean eine derartig sündhafte, unmenschliche Tat begehen. Konnte ein Mensch wirklich zwei so stark unterschiedliche Seiten haben? Plötzlich realisierte Nathaniel, dass ihn Jean beim Spionieren hätte sehen können. Er war sich nicht sicher, ob dem so war, und er wurde leicht verunsichert und ängstlich. Die grosse Geborgenheit, die er bei Jean verspürte, war verständlicherweise verschwunden und für Nathaniel war klar, dass er Jean nicht mehr über den Weg laufen wollte. Er musste weg! Nach kurzem Überlegen beschloss der nun schon fast dreissig Jahre alte Mann, die Abtei zu verlassen und weiterzuziehen. Aber wohin? Sein Bauchgefühl riet ihm nach Paris zu gehen, um sein früheres Ziel erneut in Angriff zunehmen. In Mönchsmontur lief er aus seinem Zimmer. Er bewegte sich nun sehr vorsichtig, damit er unnötige Probleme verhindern konnte. Als er in der Eingangshalle stand, wurde ihm plötzlich bewusst, wieso er nicht schon vor vier Jahren nach Paris gegangen war. Nathan erinnerte sich gut an die harten, aber ehrlichen Worte von Jean; *Aber bei Gottes Gnaden, wie stellst du dir das vor, als einfacher Bauer in der grossen*

Hauptstadt? Ist dir nicht klar, dass du praktisch keine Chance hast, dort zu überleben. Du hast ja nicht einmal jetzt ein paar Livres bei dir. Bis auf ein kleines bisschen Nahrung und die Kleidung am Leib besitzt du nichts. Es wäre dein Untergang, in diesem Zustand nach Paris zu gehen. Nathan besass immer noch kein Geld.

Binnen Sekunden bekam Nathan eine Idee. Im Langhaus stand die Spesentruhe, die er eines Tages vom Boden aufgehoben hatte. Er konnte nun nur hoffen, dass die Truhe noch nicht geleert worden war und die Spesen vom Wochenende immer noch darin enthalten waren. Also ging er noch ein letztes Mal in das Langhaus. Nathaniel griff nach der kleinen Holztruhe und stellte mit einer grossen Erleichterung fest, dass sie noch mit jeglichen Wertgegenständen gefüllt gewesen war. Mit der Truhe unter dem Arm schaute er noch einmal zu den Skulpturen. Er fühlte sich schlecht, weil ihm in den letzten Jahren klar vorgeschrieben worden war, nicht zu stehlen, doch ihm blieb keine andere Wahl. Einen kurzen Moment später verliess Nathan die Abtei mit feuchten Augen. Viele besinnliche und schöne Erlebnisse hatte er in Saint Fleury erleben dürfen, doch das Schicksal wollte, dass sich die Wege trennen. Inzwischen hatte sich das starke Gewitter aufgelöst und ein prächtiger Sternenhimmel kam zum Vorschein. Ein weiteres Mal nahm Nathans Leben schlagartig eine Wendung vor. In der Kälte der noch jungen Nacht lief Nathan in Richtung Orléans, um von dort aus mit der Kutsche nach Paris weiterzureisen. Ein neuer Lebensabschnitt begann.

Der Traum (Gula)

Man schrieb das Jahr 1773 und Maxim Lefort war vierundzwanzig Jahre alt, als er zum ersten Mal in seinem Leben in Paris, der Hauptstadt des glorreichen Frankreichs, ankam. Er hatte schon viel über Paris gehört, doch erst als er mit der

Kutsche durch die gigantischen Stadttore fuhr, begriff er welche Ausmasse die Stadt wirklich hatte. Die Stimmung in der Kutsche war getrübt, denn man war müde von der Fahrt. Jacques sass entspannt und zurückgelehnt da und hatte die Augen zu, sodass man den Eindruck hätte haben können, dass er schlafe, was er aber nicht tat. Jacques Desinteresse für die Ankunft war für Maxim verständlich, denn er war im Gegensatz zu Maxim schon oft in Paris gewesen. Sie waren mittlerweile fast zwei ganze Wochen auf Reisen. Ihre Fahrt ging über Avallon und Auxerre, wo sie jeweils rasteten. Gemütlich zurückgelehnt starrte Maxim aus dem kleinen Fenster der Kutsche hinaus in das verregnete Paris. Er konnte, aufgrund der vielen Wassertropfen auf der Fensterscheibe zwar nicht viel erkennen, doch das, was er sah, faszinierte den jungen Mann sehr. Die Kutsche fuhr zuerst durch St. Marcel und St. Victor bis sie zur Seine gelangte. Dann überquerte sie die Ile de la cité, bevor sie in die viel dichter aneinander gebaute Innenstadt kam. Maxim konnte auf der kleinen Insel, welche sich inmitten der Seine befand, flüchtig die Notre-Dame erkennen. Er hatte einiges über die Kathedrale gehört und nur wenige aus Avignon hatten sie je zu Gesicht bekommen, weshalb ihn ein stolzes Gefühl überkam, als er sie erblickte, auch wenn es nur ein kurzer und flüchtiger Blick gewesen war. Er dachte sich, dass er das berühmte Gotteshaus unbedingt auch noch einmal aus der Nähe und bei schönerem Wetter besichtigen wollte. In diesem Moment dachte er auch an seinen Vater. Als Maxim noch ein kleiner Junge gewesen war, hatte ihm sein Vater vor dem Einschlafen immer Geschichten, welche in Paris spielten, vorgelesen und die Notre-Dame war oft vorgekommen. Maxim vergoss eine Träne, denn er vermisste seinen Vater.

Je weiter die Kutsche in die Innenstadt kam, desto mehr Leute waren zu sehen. Da es regnete, waren zwar verhältnismässig wenige Pariser auf den Strassen zu sehen, doch für Maxim waren es trotzdem sehr viele. Er konnte sich noch nicht richtig über die

Dimensionen der grossen Stadt klar werden, aber sie gefiel ihm sehr gut.

Nach ein paar weiteren Minuten hielt die Kutsche ruckartig an, sodass Maxim erschrak und Jacques seine Augen öffnete.

„Voilà. Wir sind da!", rief der Kutscher.

„Gut, endlich. Ich dachte schon wir kommen nie an", sagte Jacques lachend.

Maxim schmunzelte. Die beiden stiegen langsam aus und streckten ihre inzwischen ziemlich versteiften Körper. Danach gab Jacques dem Kutscher das ausgehandelte Geld für die Fahrt. Dieser bedankte sich, steckte die Münzen in die Manteltasche, verabschiedete sich und fuhr weg. Jacques und Maxim standen am Strassenrand der Rue de Cléry, einer kleinen Strasse im Faubourg St. Denis. Maxim schaute sich um. In der Strasse standen dicht aneinander gereihte Häuser gesäumt von einem breiten Bürgersteig. Es erinnerte ihn an Lyon.

„Das ist mein Haus", sagte Jacques und zeigte auf das vor ihnen liegende, graue Gebäude. Das Haus war in schlechtem Zustand und die Fassade erneuerungsbedürftig.

Er fuhr fort:

„Es ist nichts besonderes, ich weiss, aber es bietet Schutz vor Regen und Kälte und irgendwie mag ich es."

„Sieht gemütlich aus."

„Warte ab, wie es drinnen aussieht!"

Die beiden lachten und traten ins Haus ein.

Jacques hatte seine Wohnung im ersten Stock. Es war ein kleines Appartement mit den nötigsten Einrichtungen. Es hatte neben einem Eingangsflur ein winziges Bad und ein Schlafzimmer, zudem eine Küche, in der auch ein kleiner Esstisch stand. Die Wände waren alle weiss, jedoch blätterte die Farbe an gewissen Stellen schon ab.

„Findest du es immer noch gemütlich?", fragte Jacques lachend.

„Es hat alles, was es braucht, das ist das Wichtigste", erwiderte Maxim.

Die beiden setzten sich an den kleinen Holztisch in der Küche und Jacques öffnete eine Weinflasche.

„Der ist aus Italien, ich hoffe, das ist in Ordnung, mein Freund."

„Ja. Nur her mit dem Alkohol. Das ist jetzt genau das Richtige!"

Jacques schenkte den Rotwein grosszügig in zwei Weingläser ein und reichte seinem Freund eines davon.

„Santé mon ami!"

„Santé!"

„Und Maxim, was hältst du bis jetzt von Paris?"

„Sehr beeindruckend muss ich sagen, noch grösser als ich mir es vorgestellt hatte!"

„Ja Paris ist gross, da hast du recht. Hör mal, wie sehen konkret deine Pläne aus? Was willst du jetzt machen?"

„Ich werde als erstes wohl meinen alten Lehrer aufsuchen. Meine Mutter hat mir in einem Brief erzählt, dass er jetzt in Paris lebt. Er heisst Pierre Lafayette. Vielleicht kann er mir bei der Ausbildungssuche helfen."

„Ich verstehe. Aber bleib doch für die erste Nacht noch bei mir. Ich habe hinten noch ein Klappbett, welches ich dir anbieten kann."

„Vielen Dank mein Freund."

„Keine Ursache, immer wieder gerne."

Die zwei verbrachten noch weitere vergnügliche Stunden in Jacques Küche und unterhielten sich über alle möglichen Themen. Sie leerten dabei noch eineinhalb Weinflaschen, legten sich danach, mittlerweile betrunken, schlafen.

Der Morgen danach brachte den beiden kein sanftes Erwachen. Mit starken Kopfschmerzen und leichtem Gedächtnisverlust erhoben sie beide gleichzeitig etwa gegen ein Uhr ihre Körper.

Maxim suchte sofort seine Sachen, packte sie in seinen Reisebeutel und sagte leise:

„Was ist denn passiert, dass es uns so schlecht geht?"

„Na was wohl? Der Alkohol", antwortete Jacques lachend, da er gemerkt hatte, dass sich sein Satz reimte.

„Ich muss nun losziehen und Pierre finden."

„Mach das, mein Freund, du darfst keine Zeit mehr verlieren. In Lyon hast du genug gefaulenzt!"

„Ich weiss. Ich werde mich bei dir melden und danke dir für alles."

Die beiden umarmten sich und Maxim verliess das Haus. Draussen regnete es immer noch und Maxim versuchte sich eine Pfeife anzuzünden. In seinem Beutel hatte er noch den Brief, welchen ihm seine Mutter vor kurzem geschrieben hatte, denn darauf war auch Pierres Adresse. Er musste in die Rue de Verneuil, das war eine kleine Strasse in der Nähe der Ile de la cité. Er atmete tief durch und fing an zu laufen. Er fragte mehrere Leute nach dem Weg. Einige Antworten waren freundlich, andere weniger, doch er schaffte es nach ungefähr einer halben Stunde vor Pierres Haustür. Völlig durchnässt überlegte Maxim gar nicht weiter und hämmerte direkt zwei Mal kräftig an die Holztür. Erst nachdem er geklopft hatte, merkte Maxim, wem er gleich gegenüber stehen würde. Er hatte gemischte Gefühle, einerseits hatte er sich immer gut mit Pierre verstanden und er hatte ihm viel beigebracht, doch andererseits verband er mit ihm stets die mysteriösen Ereignisse in ihrem alten Keller und natürlich auch den Tod seines Vaters. Geduldig wartete Maxim vor der Tür, während der Regen weiterhin in Strömen auf seinen Körper prallte. Nach einigen Minuten ging die Tür doch noch auf und tatsächlich, Pierre Lafayette stand da. Nach ein paar Sekunden der Ratlosigkeit erkannte Pierre Maxim und sagte mit schmunzelndem Gesicht:

„Wie lange ist das her, mein Guter?"

„Viel zu lange", antwortete Maxim.

„Komm erst mal herein, du siehst ja schrecklich aus!"

Maxim eilte in Pierres Wohnung und bedankte sich.

„Warte hier, ich bringe dir eine Decke und etwas Frisches zum anziehen."

Nachdem sich Maxim getrocknet und umgezogen hatte, setzten sich die beiden in das Wohnzimmer auf zwei grüne Stoffsessel. Pierres Wohnung war mit Jacques kleinem Appartement nicht zu vergleichen. In Pierres Wohnung waren die Möbel, die Teppiche, die Lampen alle gross und sahen teuer aus. Maxim kam sich vor wie in einem kleinen Schloss und war beeindruckt, wie es sich Pierre leisten konnte so zu hausen.

„Sieh dich nur an, was für ein strammer Bursche du geworden bist! Nun verrate es mir Maxim. Was verschafft mir die Ehre dich wieder zu treffen?"

„Hören Sie mir zu Monsieur, ich", in diesem Moment entgegnete Pierre:

„Du kannst mich ruhig duzen, wir sind nicht mehr im Unterricht."
Maxim fuhr fort:

„Also gut. Hör mir zu, Pierre. Ich muss hier irgendwo unbedingt meine Lehre zu Ende machen, denn meine Mutter kann das Geschäft auf Dauer nicht alleine führen, ausserdem schulde ich es meinem Vater. Ich hatte gehofft, dass du mir irgendwie weiterhelfen könntest."

„Ich verstehe. Das ist selbstverständlich, ich werde mich umschauen und kann dir sicher eine gute Stelle organisieren. Ich bin, als ich nach dem Tod deines Vaters hierher gezogen bin, Direktor einer Grundschule geworden und kann jetzt komfortabel davon leben. Dadurch kenne ich viele Leute und werde dir sicher etwas besorgen können, keine Angst! Gleich morgen sehe ich mich um, aber bis wir etwas haben, bleibst du auf jeden Fall bei mir."

„Ich bedanke mich vielmals bei dir, das hilft mir sehr!"

„Das ist das Geringste, was ich nach allem, was passiert ist, tun kann."

„Wie meinst du das?"

„Ah, nicht so wichtig. Willst du einen Tee?"

„Ja gerne", erwiderte Maxim und hustete stark.

Pierre lief geschwind in die Küche und dachte an jenen Tag, an dem er Maxim hatte anlügen müssen. Es war eine harte Entscheidung, aber Maxim durfte damals nicht die Wahrheit über den Tod seines Vaters erfahren. Vielleicht war es aber jetzt an der Zeit, ihm alles zu erzählen. Sollte er ihm die Wahrheit erzählen? Er wusste es nicht. Seine Gedanken drehten sich nur noch um diese eine Frage. Wie würde Maxim reagieren? Mit Hass oder Verständnis? Mit Zorn oder Barmherzigkeit? Pierre war ratlos. Mehrmals änderte er seine Meinung und lief nervös umher. Als er das Blubbern des Wassers über dem Feuer hörte und es in die Teekanne umfüllte war er sich sicher, er war Maxim die Wahrheit schuldig.

Als der Tee fertig war und Pierre ihn ins Wohnzimmer brachte sagte er leise:

„Ich muss dir etwas beichten, Maxim, und ich hoffe, der Herr ist barmherzig mit mir."

„Was denn Pierre?", antwortete Maxim verwundert.

„Du weisst sicher noch, was ich dir über den Tod deines Vaters erzählt habe, oder?"

„Natürlich! Tag für Tag und Nacht für Nacht denke ich darüber nach. Was ist denn damit?"

„Das war nicht die Wahrheit. Dein Vater Denis wurde nicht aus Geschäftsgründen ermordet, sondern von königlichen Truppen. Er und ich waren in einer Gruppierung tätig, welche gegen die Monarchie war und im Untergrund dagegen ankämpfte. Leider wurden wir von irgendjemandem verraten und eines Nachts bei einem Treffen überfallen. Ich konnte flüchten, doch dein Vater hat es leider nicht geschafft. Es tut mir sehr leid, mein Guter. Ich hoffe du vergibst mir."

Maxim war absolut sprachlos. Nie im Leben hätte er solch eine Aussage erwartet. Mit offenem Mund sass er auf dem Sessel und atmete schneller, bis er schliesslich in sich zusammenbrach und weinte. Sofort näherte sich Pierre Maxim und versuchte ihn zu trösten. Er legte einen Arm um Maxims Schulter und sagte: „Ich konnte dir damals nicht die Wahrheit sagen, denn du warst noch sehr jung. Ich dachte, dass dich die Wahrheit viel trauriger gemacht hätte, ausserdem musste ich auch mich schützen! Ich durfte niemandem von der Gruppierung erzählen. Nach diesem tragischen Ereignis war die Stimmung innerhalb der Gruppe so angespannt, dass ich flüchten musste. Jeder wollte dem anderen die Schuld am Verrat geben, was zu einem riesigen Misstrauen führte. Ich hoffte, in Paris in der Masse untertauchen zu können und ein neues Leben anzufangen, was mir auch gelungen ist. Bitte vergib mir Maxim! Ich musste es tun, du musst mich verstehen!"

Maxim weinte nicht mehr und raffte sich auf.

„Ich habe jetzt viele Jahre in einer Lüge gelebt! Pierre, ich habe tagtäglich an diesen Geschäftspartner gedacht und ihm Rache geschworen und das, obwohl ich nicht mal wusste, wer er ist oder wie er aussieht. Wenn ich dich nicht aufgesucht hätte, hätte ich die Wahrheit wohl nie erfahren, stimmt's?"

„Max, ich habe auch oft daran gedacht und eingesehen, dass es ein Fehler war, aber ich wusste nicht, ob ich dich je wiedersehen würde!"

„Das entschuldigt deine Lüge nicht!"

„Ich weiss. Es tut mir leid."

„Was war denn das für eine Gruppe?"

„In Avignon gab es, wie eigentlich in fast jeder grossen französischen Stadt, eine Rebellionstruppe. Die Monarchie und die stetige Unterdrückung war vielerorts den Leuten ein Dorn im Auge. Weisst du, Max, wieso sollte jemand, der nur aufgrund seiner Geburt an eine solche Position gelangt ist, ein ganzes Land ohne jegliche Einschränkung führen und herrschen dürfen? Wir alle hatten das Ziel, den König zu stürzen und ein gerechtes System zu schaffen. Dein Vater und ich spielten eine wichtige Rolle in der Gruppe, denn ich organisierte jedes Treffen und

Denis stellte uns seinen Keller als Treffpunkt zur Verfügung. Das grosse Ziel war die Revolution, doch, wie du jetzt weisst kamen uns unsere Feinde auf die Spur und durchkreuzten unsere Pläne. Aufgrund dessen blieb mir nichts anderes übrig als zu flüchten, doch mein Glaube an die Gleichheit und Gerechtigkeit ist nie erloschen, auch wenn er wohl nie wahr werden wird."

„Wieso tust du dann nichts mehr um deinen Traum zu verwirklichen? Mein Vater soll nicht vergebens gestorben sein!"

„Das ist nicht so einfach wie du glaubst. Nach dem Zerfall der Gruppe aus Avignon sind auch viele andere Revolutionäre den königlichen Truppen zum Opfer gefallen und die Idee der Revolution verblasste in den letzten Jahren. Ich selbst bin nirgends mehr tätig, da es damals nicht geklappt hat und ich nicht noch einen Freund verlieren wollte!"

„Du darfst den Glauben nicht verlieren Pierre! Ich erkenne die Probleme ja selbst auch."

„Was weisst du schon über dieses Thema?"

„Genug."

„Es ist so wie es ist Maxim, finde dich damit ab. Der König regiert und so wird es wohl auch bis zum Tage des jüngsten Gerichts bleiben!"

Maxim stöhnte und sagte:

„Ich muss jetzt ein wenig für mich alleine sein."

„Das verstehe ich", antwortete Pierre und klopfte Maxim auf die Schulter.

„Ich möchte ein wenig durch die Stadt laufen und Paris betrachten, ich komme am Abend wieder, wenn ich darf."

„Natürlich darfst du. Ich werde in der Zwischenzeit einen Bekannten besuchen, der, wie deine Familie, ebenfalls ein Porzellangeschäft führt und ihn wegen der Stelle fragen."

Maxim lief ohne zu antworten aus dem Haus. Der junge Mann konnte die Wahrheit nicht fassen, aber er war trotzdem erleichtert, sie zu wissen. Ausserdem erklärte sie einige Dinge. Zum Beispiel erinnerte er sich daran, dass er als Kind einmal

Tinte holen musste, damit sein Vater einen Brief zu Ende schreiben konnte. Das war bestimmt ein Brief, der etwas mit der Revolutionsgruppe zu tun hatte, denn er verwendete darauf ein rot-blaues Siegel, welches Maxim sonst auf keinem Brief von seinem Vater fand. Er versuchte sich, draussen auf der Strasse stehend, noch an weitere verdächtige Dinge aus seiner Jugend zu erinnern und fand viele merkwürdige Situationen. Es war im Keller wirklich immer lärmig und Maxim war deswegen als Kind auch des Öfteren erwacht. Es war für Maxim ein seltsames Gefühl, jetzt die Wahrheit zu kennen, denn einerseits war er froh zu wissen, wie sein Vater wirklich gestorben war, andererseits änderte die Wahrheit nichts über den Tod seines Vaters. Maxim war sogar ein wenig stolz, dass er einen Vater hatte, der eine wichtige Rolle in einer solchen Gruppe geleistet hatte.

Er zündete sich eine Pfeife an und begann hustend, mit gemischten Gefühlen durch die Gassen von Paris zu laufen, bis er nach ungefähr einer viertel Stunde in der Rue Blondel vor einem hellroten Haus stehen blieb. Das Haus fiel sofort auf, da alle anderen Häuser in dieser Strasse entweder grau oder weiss waren und weil mit einem weissen Schriftzug über der Eingangstüre gross das Wort „Entrez" zu sehen war. Seine Neugier wurde geweckt, denn er sah zudem einen Mann, der hektisch herauslief und seine Kleidung richtete. Maxim fasste den Entschluss einzutreten. Er klopfte an die Tür, doch es machte niemand auf, also lief er herein. Drinnen war ein Treppenhaus zu sehen und auf jedem Stock jeweils zwei Türen. Maxim lief in den ersten Stock und klopfte an eine Tür. Nach ein paar Sekunden machte eine junge Frau auf und begrüsste Maxim. Der junge Mann riss die Augen auf, denn die Frau hatte bis auf Unterwäsche nichts an und war stark geschminkt.

„Bonjour Monsieur. Was kann ich Ihnen anbieten?"
„Was bieten Sie denn an, wenn ich fragen darf? Ist das hier ein Restaurant oder so?"

Die junge Dame lachte laut, packte Maxim am Arm und riss ihn in herein. Die Wohnung war in mehrere kleine Räume aufgeteilt, welche allesamt keine Türen, sondern nur farbige Vorhänge hatten. Maxim hörte mehrere Stimmen, also wusste er, dass er nicht alleine war. Die Frau zog ihn durch die Wohnung in das hinterste Zimmer und zog den Vorhang zu. Im kleinen Raum war es stickig und dunkel, Maxim konnte nur ein Bett und viele erloschene Kerzen sehen.

Ehe er sich versah, fing die Frau an ihm sein weisses Hemd auszuziehen und Maxim verstand endlich, wo er sich befand. Er hatte schon oft von solchen Etablissements gehört, doch er selbst war noch nie in einem gewesen. Die Frau war wunderhübsch, sie hatte braune lange Haare und einen Leberfleck oberhalb der Lippen. Ihre Lippen waren blutrot und die Augen blau. Sie küssten sich und Maxim fühlte sich so geborgen wie schon lange nicht mehr. Seit dem Tage, an dem er Laura verlassen hatte, hatte er keine körperliche Nähe mehr gespürt. Er war sehr zufrieden. Nach wenigen Minuten flüsterte ihm die Frau ins Ohr:

„Wie viel bin ich dir wert?"

„Wie meinst du das?", antwortete Maxim schüchtern.

„Was bezahlst du mir?"

„Ich weiss es nicht."

Die Frau griff in Maxims Hosentasche und zückte seine letzten vierzig Sous heraus.

„Das reicht für den Anfang", sagte sie grinsend und schubste Maxim auf das Bett. Sie zog sich aus und die beiden genossen den Abend.

Nach zwei Stunden des Liebesspiels sagte Maxim, dass er gehen müsse und zündete sich eine Pfeife an. Es war mittlerweile acht Uhr abends.

„Kommst du wieder? Und wenn ja, dann komm zu mir."

„Ich weiss nicht, aber ich danke dir."

„Geh jetzt, es wartet schon die nächste Kundschaft."

Maxim war etwas enttäuscht, dass die Frau ihn jetzt so unwichtig behandelte, denn alles, was er wollte, war Liebe. Hustend verliess er das Gebäude. Viele Gedanken schwirrten Maxim durch den Kopf. Wieso hatte er das getan und was trieb in zu einer solchen abscheulichen Aktion. Er wusste es nicht, er wusste nur, dass er Liebe brauchte und dass ihm die im Moment niemand geben konnte. Der junge Mann war einsam und verzweifelt. Er fragte sich, was Liebe wirklich sei und ob man sie kaufen konnte, denn die junge Frau hatte ihm für eine kurze Zeit das Gefühl gegeben, geliebt zu werden, doch danach war dieses Gefühl verschwunden. War dies das Grundprinzip der Liebe? Gab es überhaupt wirkliche Liebe oder basierte alles nur auf der Grundlage der menschlichen Triebe? Maxim kannte die Antworten nicht und das machte ihn traurig. Er war verzeifelt auf der Suche nach Anerkennung und Nähe, doch die bekam er nicht. Wie sollte er hier in der grossen Hauptstadt nur Fuss fassen können? Maxim fühlte sich um sein Geld betrogen.

Traurig schlenderte Maxim zurück zu Pierre, dem er nichts von dem, was am Nachmittag geschehen war, erzählen wollte.

Nach zwanzig Minuten war er wieder bei Pierre Lafayette, der ihn schon erwartete.

„Maxim, da bist du ja! Ich habe tolle Nachrichten, ich konnte dir eine Ausbildungsstelle im Porzellanladen meines Freundes beschaffen."

Maxim zwang sich zu einem Lächeln und antwortete:

„Danke Pierre."

„Freust du dich denn gar nicht?"

„Mais bien sûr, aber ich habe etwas schlechte Laune, das verstehst du sicher."

„Ja."

„Kann ich hier schlafen?"

„Natürlich, komm mit, ich zeige dir dein Zimmer."

Pierre ging mit Maxim in das grosse Gästezimmer und sagte:

„Bis morgen. Wenn du etwas brauchst, dann melde dich."

„Ist gut", antwortete Maxim.

Der junge Mann war todmüde und ging sofort ins Bett, doch er konnte nicht gut schlafen. Dauernd musste er husten und träumte seltsame Dinge. Immer wieder sah er im Traum einen grossen Platz mit vielen Leuten darauf, welche alle „Gerechtigkeit und Freiheit" schrien. Maxim selbst war auch da. Der Traum, endete indem Maxim einen Mann enthauptete. Schnell atmend erwachte Maxim immer nach dieser Stelle und war schweissnass. Es war schon das dritte Mal, dass er in dieser Nacht diesen Traum gehabt hatte und so ging es auch bis zum Morgengrauen weiter...

Am nächsten Morgen frühstückten Maxim und Pierre in der Küche, doch Maxim konnte nichts essen. Er sass nur hustend da und sah krank aus.

„Bist du krank?", fragte Pierre verwundert.

„Ich fühle mich nicht gut. Die ganze Nacht konnte ich nicht schlafen", antwortete Maxim

„Soll ich einen Doktor rufen?"

„Nein, ich denke, ich werde mich wieder erholen."

„Gut, geh dich hinlegen mein Guter."

Maxim ging ohne etwas Zusätzliches zu sagen in sein Bett und litt den ganzen restlichen Tag, da er grosse Schmerzen hatte.

Das ging weitere zwei Wochen so fort. Pierre hatte zwischendurch einen guten Arzt aus der Gegend gerufen, damit dieser nach Maxim schauen konnte. Er hatte dem kranken Mann diverse Mittel verschrieben und betrieb mit Hilfe von Blutegeln Aderlass mit Maxim. Es wollte jedoch nichts helfen, Maxim blieb krank. Er hatte hohes Fieber und starken, schmerzenden Husten. Pierre betete jeden Abend für ihn, auch wenn Maxim stets die Wirkung von Gebeten bezweifelte. Pierre ging sogar so weit, dass er einen Exorzisten beschaffen wollte, da er dachte, ein Dämon schlummert im Körper seines Freundes. Maxim wollte das jedoch nicht.

Maxims Zustand wurde auch nach einer weiteren Woche nicht besser und Pierre war ratlos. Eines Morgens ging er in Maxims Zimmer, um ihm Tee zu bringen und sagte:

„Hier trink, du musst Flüssiges im Körper haben."

Maxim erwiderte:

„Das sagst du mir schon seit Wochen, aber geholfen hat es nichts."

„Wie kann ich dir nur helfen? Nichts würde ich mir mehr wünschen als deine Genesung!"

„Ich möchte meinen Freund Jacques sehen. Er ist mit mir aus Lyon hierher gekommen."

„Gib mir die Adresse und ich werde ihn aufsuchen."

„Danke Pierre. Danke für alles."

„Keine Ursache mein Guter."

Maxim schrieb die Adresse von Jacques auf ein Stück Pergament und übergab es Pierre. Pierre wiederum lief direkt aus dem Zimmer und wollte Jacques aufsuchen.

Nur etwa eine Stunde später klopfte es an Maxims Türe und Jacques trat mit Pierre zusammen in das relativ grosse Gästezimmer, in welchem Maxim während seiner Zeit bei Pierre hauste.

Maxim lächelte und sagte:

„Schön dich wiederzusehen mein Freund."

„Die Freude ist ganz meinerseits, obwohl es mich traurig macht, dich so zu sehen", antwortete Jacques während er seinen Mantel auszog.

„Wie geht es dir Jacques?"

„Ich kann nicht klagen. Nur Frankreich zerrt an meinen Nerven."

„Wieso?"

„Ich kann es nicht mehr sehen. Überall sind diese königlichen Truppen und die Steuer wurde erneut erhöht. Wie soll sich denn jetzt eine mehrköpfige Familie ernähren können?"

Pierre lauschte gespannt.

„Ich verstehe."

„Na egal, es ist viel wichtiger, dass du wieder auf die Beine kommst. Ich und dein lieber Gastgeber Pierre haben uns auf dem Weg hierher gedacht, dass ich ab jetzt jeden Tag nach der Arbeit kurz vorbei komme, um dich ein wenig zu unterhalten, sonst stirbst du hier noch vor Langeweile."

„Das würdest du tun?"

„Auf jeden Fall."

„Und für dich ist das auch in Ordnung, Pierre?"

„Natürlich doch."

„Danke, das finde ich eine sehr gute Idee."

„Also gut, dann sehen wir uns morgen. Ich muss jetzt gehen, denn ich habe noch vieles zu erledigen."

Maxim wollte sich erheben und seinen Freund anständig verabschieden, doch als er beim Versuch sich aufzurichten stark zu husten begann, rieten ihm die anderen beiden im Raum, liegen zu bleiben. Nach der Verabschiedung verliessen Pierre und Jacques das Zimmer, liefen zur Eingangstür und unterhielten sich noch kurz.

„Du siehst, dass es ihm nicht gut geht und ich danke dir, dass du ihn aufheitern wirst. Jacques, du machst mir einen sehr sympathischen Eindruck, auch wenn wir uns erst seit heute kennen", sagte Pierre.

„Ich helfe, wo ich kann. Es ist mir ebenfalls ein Vergnügen dich kennengelernt zu haben", erwiderte Jacques.

Nach einem kräftigen Handschlag machte sich Jacques auf den Heimweg und Pierre schloss die Tür zu.

In den nächsten Tagen kam Jacques immer nach der Arbeit zu Pierre um Maxim zu besuchen. Die ersten Male hatten sie nur über alltägliche Dinge geredet, doch ab dem vierten Mal wollte Maxim immer mehr über ernste Themen diskutieren, denn er wusste, dass Jacques ihm als gebildeter Mann viel darüber erzählen konnte. So geschah es, dass Jacques anfing Bücher mitzunehmen, welche sie dann gemeinsam lasen und über die

Texte diskutierten. Über Rousseau, Montesquieus und Lockes Gewaltenteilung bis hin zu Kants Ethik nahmen die beiden Neugierigen ein breites Spektrum an Wissen durch und diskutierten dies oftmals auch bis in die späten Abendstunden. Schnell merkten sie, dass sie sehr ähnliche Ansichten hatten und Maxim fing jetzt an, sich ein Bild gegen die Monarchie zu bilden. Schnell stellte sich heraus, dass Maxim ein rhetorisches Talent war und eine sehr liberale Meinung entwickelte.

Eines Abends diskutierten sie über das Klassenproblem, welches Maxim am wichtigsten war, denn er hatte nie verstehen können, wie man Menschen einfach in Schichten einteilen konnte. Er sagte zu Jacques:

„Weisst du, ich werde es nie verstehen. Der Mensch kann kein normales Leben führen, wenn er ständig Angst haben muss, seine Familie nicht mehr ernähren zu können. Man kann sich schliesslich nicht aussuchen wo man herein geboren wird! Das Geld ist zwar da, doch es ist ungleich verteilt. Die Waage zwischen der oberen und der niederen Schicht ist ungleich! Der Adel profitiert ungerecht vom Bürgertum. Schon Machiavelli behauptete das. Jacques, sag mir, wie wir Gleichberechtigung schaffen können."

„Ich stimme dir vollkommen zu. Der entscheidende Punkt ist der König. Alles wird von dort aus gesteuert, sogar auf die Kirche hat er grossen Einfluss. Dort muss man ansetzen, um etwas zu verändern."

„Wahre Worte!"

„Es ist schon spät, wiedermal ist unser Treffen schnell vorbeigegangen. Ich muss gehen. Wir sehen uns morgen wieder. Schlaf gut, Maxim!"

„Ist gut, du auch, Jacques!"

Jacques lief hinaus und dachte weiter über die Diskussion nach. Er merkte, dass Maxim sich sehr schnell weitergebildet hatte und dass er und Maxim tatsächlich die gleiche Meinung und Einstellung zu vielen Themen hatten. Er hoffte sehr, dass sie eines Tages einmal etwas Grossartiges erreichen können oder zumindest, dass sich Frankreich, so wie es jetzt war, verändern würde. Zunächst wünschte er sich jedoch nichts mehr als, dass Maxim wieder auf die Beine käme.

Maxims Zustand wurde in den nächsten zweieinhalb Jahren leicht besser und er stabilisierte sich. Der Arzt kam, wie auch Jacques, fast täglich vorbei und schaute nach ihm. Maxim musste viele Kräuter und Flüssigkeiten zu sich nehmen, damit der Husten nicht schlimmer wurde und er keine allzu grossen Schmerzen in der Lunge verspürte. Der Arzt hatte im Verlauf der vergangenen zweieinhalb Jahren viele verschiedene Hypothesen aufgestellt, doch Krebs war die schlimmste. Maxim hoffte jeden Tag, dass dies nicht stimmen würde und, dass er sich wieder erholen würde. Maxim wusste, dass die Medizin in diesem Bereich noch keine grossen Kenntnisse hatte und hoffte deshalb umso mehr, dass sich diese eine Annahme nicht bewahrheiten würde.

Er merkte, dass Jacques ihm guttat. Nicht nur Jacques als guter Freund tat ihm gut, sondern auch das Diskutieren mit ihm. Denn immerhin das konnte er tun. Körperliche Anstrengung war ihm strengstens untersagt, es reichte knapp für einen kleinen Spaziergang jeden Tag. Maxim hasste es krank zu sein, er war schon immer ein aktiver Mensch gewesen, der möglichst viel unternehmen wollte und genau das konnte er jetzt nicht.

Es grenzte schon beinahe an ein Wunder, aber nach einem weiteren halben Jahr verspürte Maxim immer weniger Schmerzen und er konnte wieder ohne Probleme atmen. Von Tag zu Tag fühlte er sich besser. Der Arzt konnte sich diesen immensen Wandel von Maxims Gesundheitszustand nicht erklären. Er hatte bei solchen Patienten früher oder später immer den Tod mitansehen müssen und keinesfalls eine solche Genesung, wie sie Maxim geschafft hat.

An einem verregneten Tag, nach drei Jahren, in denen Maxim krank war, fühlte sich der nun siebenundzwanzig Jährige wieder bei all seinen Kräften. Zur Feier dieses aussergewöhnlichen Ereignisses lud Pierre Maxim zu einem Abendessen in ein teures Restaurant in der Nähe ein. Maxim bedankte sich und fand es eine gute Idee, denn er war seit einer gefühlten Ewigkeit nicht mehr in einem Restaurant gewesen.

„Heute wird gefeiert, Maxim!", sagte Pierre enthusiastisch.

„Pierre, ich weiss gar nicht, wie oft ich mich bei dir bedanken soll, du bist mir während dieser schwierigen Zeit stets zur Seite gestanden und ohne dich hätte ich es womöglich nicht durchgestanden", antwortete Maxim und klopfte Pierre auf die Schulter.

„Ach Unsinn, ich habe nur das Nötigste getan. Deinem starken Willen hast du es zu verdanken.

„Das werde ich dir nie vergessen!"

„Ja, ist ja gut, aber jetzt mach dich bereit und wirf dich in Schale. Ich habe dir vorhin ein schönes Hemd und eine schwarze Hose von mir in dein Zimmer gelegt. Um sieben Uhr gehen wir los."

Ohne zu zögern lief Maxim mit fröhlichem Gesicht in sein Zimmer und tat, was ihm Pierre gesagt hatte. Er hatte selten so schöne Kleider an, wie diese von Pierre. Das Seidenhemd erinnerte ihn ein wenig an die Zeit mit Laura in Lyon, denn dort hatte er oft solche angehabt. Er wurde etwas melancholisch und sass auf seinem Bett. Er dachte an die Zeit, die vergangen war. Er hatte nie gedacht, dass sein Leben so aufregend und abenteuerreich sein würde und war trotz seiner langen Krankheit froh, dass er nach Paris gekommen war. Er vermisste seine Mutter und hoffte, dass es ihr gut ging. Die restliche Zeit vor dem Essen verbrachte Maxim auf seinem Bett und dachte über das Leben nach und wie viel Glück er gehabt hatte, dass er noch am Leben war.

Um genau sieben Uhr verliessen Pierre und Maxim das Haus und gingen zu Fuss in das nicht weit entfernte Restaurant „Les

Étoiles". Im Vergleich zu allen anderen Besuchern in diesem Restaurant waren Pierre und Maxim eher billig gekleidet, weswegen sie sich einigen bösen Blicken aussetzen mussten. Maxim mochte die Stimmung nicht, es waren fast nur Männer und es war, da sich alle nur leise unterhielten, nicht wirklich laut oder stimmungsvoll. Im Hintergrund war Geigenmusik zu hören, welche von einem kleinen Orchester gespielt wurde. Der Speisesaal war riesig und mit runden Tischen bestückt, welche allesamt mit einem weissen Tischtuch bedeckt waren. An den Wänden hingen violette Vorhänge mit einer gelben Lilie darauf. Dieses Symbol war ausserdem auch auf den Servietten und Tischtüchern eingestickt. Am Empfang fragte ein Kellner, ob die beiden reserviert hätten. Darauf antwortete Pierre:

„Nein, mein Herr, dazu bin ich leider nicht gekommen, aber ich hoffe doch sehr, dass Sie ein Plätzchen für uns haben."

„Sie haben Glück, am Rand ist noch ein Platz frei. Folgen Sie mir."

Maxim und Pierre folgten dem sehr schick angezogenen Kellner und setzten sich schliesslich an ihren Tisch. Nachdem der Kellner noch die Karte brachte, waren die zwei Freunde nun unter sich. Maxim sagte:

„Das ist ja voller Schnösel hier. Genau diese Leute profitieren von der unteren Schicht!"

„Pst, sei still Max! Sei doch froh, dass wir uns einen solchen Luxus gönnen können. Danke Gott dafür."

„Nein, ich danke nicht Gott dafür, ich danke den Arbeitern dafür!"

„Sei still, hab ich gesagt. Du willst doch nicht, dass wir herausgeworfen werden, oder?"

„Wo ist nur deine alte Einstellung hin, Pierre? Du weisst, dass ich recht habe."

„Was willst du trinken?"

„Wein."

„Ebenfalls. Und essen?"

„Mir egal. Suppe genügt."

„Suppe? Das ist ein Scherz oder? Nimm, was du willst Maxim, wir lassen es uns heute sehr gut gehen! Iss, als gäbe es kein Sättigungsgefühl!"

„Ich weiss nicht."

In diesem Moment kam der Kellner und wollte die Bestellung aufnehmen.

Pierre sagte:

„Wir nehmen gerne einen Bordeaux, zwei mal die Gänseleber, zwei Portionen Bratkartoffeln und zwei mal Lachsfilet als Vorspeise. Ein Brot können Sie sonst auch noch bringen, und geizen Sie nicht mit Sauce!"

„Sehr gerne, Monsieur", antwortete der Kellner und ging weg.

Maxim sagte erstaunt:

„Findest du das nicht etwas zu viel für zwei Personen, es gibt Menschen, die essen so viel in einer ganzen Woche!"

„Jetzt benimm dich Maxim und geniess den Abend. Lass den Rest meine Sorge sein!"

„Wie du meinst."

Als das Essen kam, gab es für Pierre kein Halten mehr. Er achtete gar nicht darauf, was er ass, sondern er schaufelte das Nächstbeste, das er greifen konnte ohne Scham in sich hinein. Er schmatzte und kaute sehr laut. Zwischendurch leerte er die Masse mit kräftigen Schlucken Wein herunter und rülpste, wobei ihm viel Wein über seine Kleidung lief. Maxim ass nichts, sondern beobachtete nur schockiert, wie hemmungslos Pierre das Essen verschlang. Maxim war angewidert und sagte:

„Pierre benimm dich! Du isst schrecklich! Geniess doch das Essen!"

Dieser antwortete nicht, sondern biss genüsslich in die Gänseleber.

„Pierre! Hör auf mich!"

„Was ist denn?", antwortete Pierre genervt.

„Du geniesst das Essen gar nicht, sondern schaufelst es nur in dich hinein!"

„Essen ist zum Essen da und nicht zum Anstarren!"

„Trotzdem sollte man es geniessen und schätzen, man könnte meinen, dass du gar nicht weisst, was du auf dem Teller hast!"

Pierre antwortete nicht und stopfte sich ein grosses Stück Brot in den Mund. Laut kauend fragte er Maxim provozierend, ob es ihm nicht schmeckte.

Maxim war ganz still, aber innerlich zerplatzte er vor Wut. Pierre öffnete seinen obersten Hosenknopf, damit er seinen vollgefüllten Magen etwas entlasten konnte und atmete grinsend durch.

Maxim war stinksauer und verstand nicht, wie Pierre sich so benehmen konnte.

Pierre starrte auf Maxims Teller und bemerkte, dass er nichts gegessen hatte. Ohne Hemmungen fragte er lautstark:

„Willst du denn nichts essen? Wenn nicht, dann gib mir deinen Teller! Es wäre schade um die schöne Leber."

In diesem Moment reichte es Maxim. Er konnte seinen Zorn nicht mehr zurückhalten. Wütend stand er auf, warf das Weinglas um und lief hinaus. Er konnte nicht nachvollziehen, wie Pierre sich so vollstopfen und gehenlassen konnte.

Draussen regnete es stark und Maxim lief alleine durch die nassen Gassen von Paris. Er wusste zwar, wie er nach Hause käme, aber er wollte Pierre nicht wieder antreffen, da er wirklich enttäuscht von ihm war. Nach seiner langen Krankheit schätze er das Leben nun mehr und lebte bewusster nach ethischen Grundsätzen. Es gab viele Menschen, die nicht so viel zu essen hatten und, deshalb war er der Auffassung, dass man sein Essen schätzen und geniessen sollte und nicht wie Pierre einfach in sich hineinstopfen.

Ziellos wanderte er eine Weile durch die leeren Strassen, bis er schliesslich vor einem schäbigen, kleinen Gasthaus, welches über der Eingangstür den Schriftzug „Chez Alphonse" aufgeschrieben hatte, kam. Er hatte Hunger, da er vorhin nichts gegessen hatte.

Dieses Lokal entsprach eher seinen Vorstellungen, da es offenbar ein bodenständiges Haus war.

Durchnässt öffnete er die quietschende Tür und sah zunächst nichts als Qualm. Er erblickte dann neben den vielen, betrunkenen Männern, einen Mann am hintersten Tisch. Er war anders als die meisten im Gasthaus. Sein Name war Nathaniel.

Die Bibliothek (Superbia)

Die Sonnenstrahlen schienen Nathan direkt ins Gesicht und weckten ihn auf. Langsam öffnete er seine braunen Augen und hielt sich sofort die Hände vor sein Haupt. Die Lichtstrahlen blendeten stark. Für einen kurzen Augenblick hatte Nathaniel vergessen in welcher Situation er sich befand. Doch als Nathan den kleinen, aber mageren Kutscher neben sich sah, kam ihm wieder alles in den Sinn. Nachdem er in der letzten Nacht zu später Stunde das Eingangstor von Orléans erreicht hatte, hatte Nathan mehrere Stunden verzweifelt nach einem Kutscher gesucht, der wie er nach Paris musste. Noch vor Sonnenaufgang fand er einen passenden Mann, nämlich diesen dünnen Monsieur mit einem auffällig langen Bart. Für Nathan sah der merkwürdige Kutscher auf den ersten Blick sehr bieder und unsympathisch aus, jedoch bestätigte sich nach einem kurzen Gespräch das Gegenteil. Der kleine Kutscher gab sein Einverständnis, Nathan nach Paris mitzunehmen, natürlich für ein entsprechendes Entgelt.

„Wie lange habe ich geschlafen, Monsieur?"

„Zwei, höchstens drei Stunden", antwortete der Kutscher.

„Was denken Sie, wie viel Zeit die Fahrt noch in Anspruch nehmen wird?"

„Ich denke wir werden erst nach Sonnenuntergang in Paris ankommen."

„Ich möchte mich noch einmal bei Ihnen bedanken, dass Sie mich mitgenommen haben. Das ist nicht selbstverständlich."

„Kein Problem, Monsieur Delon, ich bin sowieso gerade noch beruflich unterwegs und mit den zwanzig Livres, die Sie mir gegeben haben, habe ich für den nächsten Monat ausgesorgt und kann meine Familie ernähren."

Der bärtige Mann atmete tief durch und wischte sich eine kleine Träne aus dem Gesicht.

„Oh, Monsieur, was ist mit Ihnen? Sie haben etwas auf dem Herzen, nicht wahr?"

„Non, ist schon gut, ich will Sie nicht mit meinen persönlichen Problemen belästigen."

„Doch, doch, nur zu, ich kann Ihre Situation gut nachvollziehen, glauben Sie mir."

„Meine zwei Kinder, sie sind verstorben. Ich hatte keine Möglichkeit Geld zu verdienen und konnte somit kein Essen nach Hause bringen. Sie sind verhungert!"

Nun brach der Mann vollends in Tränen aus.

„Oh, mein herzliches Beileid", versuchte Nathan den weinenden Mann zu trösten.

„Ich kann Ihnen, wenn sie wollen, noch etwas mehr Geld geben. Ich habe genug bei mir und Sie könnten es sicher besser gebrauchen als ich."

Der Mann nickte. Nathan öffnete seine Truhe und nahm weitere fünf Livres heraus, die er dem Mann zusteckte. Erst jetzt begriff Nathaniel, dass er die letzten vier Jahre ein sehr luxuriöses Leben geführt hatte, täglich drei Mahlzeiten und ein Dach über dem Kopf waren für ihn zur Gewohnheit geworden. Er hatte sich im Kloster nicht ein einziges Mal überlegt, dass dies nicht die Normalität war. Sein Leben im Kloster war vorbei, er musste nun wieder für sich selbst sorgen. Diese Erkenntnis machte ihm Angst.

Die zwei Männer verstanden sich mit der Zeit immer besser und sprachen noch eine Weile miteinander, bis Nathan zu müde wurde und erneut einschlief.

„Monsieur Delon, wir kommen bald in Paris an." Der Kutscher tippte Nathan leicht zwei Mal auf die Schulter, um ihn aus seinem tiefen Schlaf zu wecken.

Nathaniel gähnte, dann schaute er um sich. Die Sonne war verschwunden und der Sichelmond hatte den Horizont bereits erklommen. Sie fuhren gerade einen Hügel hinauf.

„Monsieur Delon, auf der anderen Seite des Hügels ist Paris. Die Fahrt wird nicht mehr lange dauern. Wo kann ich Sie abladen?"

„Ah, wunderbar. Ich war leider noch nie in der Landeshauptstadt. Lassen Sie mich doch bitte in der Stadtmitte raus, wenn dies für Sie machbar wäre."

„Natürlich, Monsieur."

Die Kutsche fuhr nun etwas langsamer als zuvor. Man merkte, dass die zwei Pferde von der bisherigen, langen Reise, erschöpft waren. Nathan konnte es kaum erwarten, Paris endlich zu Gesicht zu bekommen. Nur noch wenige Meter fehlten, bis sie den Hügel überquert hatten. Einige Sekunden später hatten sie es geschafft. Der Kutscher hielt seinen Wagen auf dem Hochplateau an, damit sich die Tiere von dem grossen Kraftakt, den sie geleistet hatten, erholen konnten. Der bärtige Mann stieg von dem Wagen ab und gab den treuen Gefährten ein paar Zuckerwürfel, die sie mit grossem Vergnügen verschlangen. Gleichzeitig blickte Nathan, immer noch auf der Kutsche sitzend, fasziniert auf die Landeshauptstadt. Paris war noch grösser, als er es sich vorgestellt hatte.

„Und Monsieur, gefällt Ihnen Paris?", fragte der Kutscher, der bereits wieder neben Nathaniel Platz genommen hatte.

„Aber ja, ich bin mehr als überwältigt."

Der Kutscher griff noch ein letztes Mal an die Zügel und brachte den Wagen wieder in Bewegung.

Minuten später trafen sie im Stadtzentrum ein. Nathaniel hielt sich sofort die Nase zu. Einen solchen Gestank hatte er in seinem Leben noch nie gerochen. Der Kutscher betrachtete die Situation mit einem Lächeln.

„Dies gehört zu Paris, Monsieur Delon. In ein paar Tagen haben sie sich an den ekelhaften Geruch gewöhnt. Ich werde sie vorne an der Seine herauslassen. Ich hoffe, Sie werden zu dieser späten Uhrzeit noch Unterschlupf finden. Suchen Sie sich möglichst schnell eine Arbeit, nicht, dass auch Sie den Hungertod erleiden werden."

Der Kutscher hielt an und schubste Nathan mit einem heftigen Stoss vom Wagen. Nathan fiel unsanft auf den Plastersteinboden und musste mitansehen, wie die Kutsche, samt seiner Truhe, wegfuhr. Nathan war schockiert über das hinterhältige Verhalten des Kutschers. Er stand auf, putzte sein Hemd und schaute sich nach einer guten Übernachtungsmöglichkeit um. Da er aber nun kein Geld mehr besass, blieb ihm nichts anderes übrig, als unter dem Pont Neuf zu schlafen.

Seine erste Nacht in Paris hatte er sich eigentlich etwas anders vorgestellt.

Am nächsten Tag wurde Nathan von einer Ratte geweckt. Sie suchte vergeblich nach Nahrung bei ihm. Als Nathan sich bewegte, verschwand sie auf der Stelle. Nathan lief zum Uferrand der Seine. Erst als er vor dem fliessenden Gewässer stand, bemerkte er, wie unrein das Wasser war. Er war extrem durstig und sein Magen knurrte ebenfalls. Schon zwei Tagen hatte er nichts mehr gegessen oder getrunken. Mit leerem Magen verliess er seinen Schlafplatz. Er musste irgendwie an Nahrung kommen. Das Wetter war sehr schön, die Sonne strahlte stark und der Himmel war wolkenlos und blau. Nathan lief die Seine entlang, bis er zu einer Treppe kam, die zur Strasse hinaufführte. Oben angekommen, schaute er um sich. Die grosse Menge an Menschen war das erste, was ihm auffiel. Er hatte noch nie so viele Personen auf solch engem Raum gesehen. Auch die grosse

Hektik, die herrschte, war ihm fremd. Nathaniel wagte es kaum einen Schritt zu machen, doch dann spürte er wieder seinen knurrenden Magen. Vorsichtig lief er die Strasse entlang. Einem Schild konnte er entnehmen, dass er sich auf dem „Quai des Augustines" befand. Nathan lief die Strasse hinunter und bestaunte gleichzeitig die grossen Sandsteinhäuser auf der anderen Strassenseite. Überall sah er ähnliche Häuser, deren Dächer das Sonnenlicht reflektierten und grosse Schatten auf die Gasse warfen. Nathaniel war begeistert. Er fragte sich, wie lange Menschen gebraucht hatten, um solch massive Gebäude zu errichten. In den Bäumen, welche entlang des Quais in einer perfekten Reihe wuchsen, zwitscherten viele verschiedene Vögel und Nathan konnte beobachten, wie eine Meisenmutter sorgfältig ihr Junges fütterte. Er fühlte sich vom ersten Augenblick in der Stadt an sehr wohl. Genau diese Atmosphäre hatte er sich schon lange gewünscht. Hier gab es keine ruhigen fünf Minuten mehr, immer war etwas los. Unzählige Bewohner bevölkerten die Stadt und zahlreiche Kutschen transportierten Waren oder Menschen. Plötzlich entdeckte Nathan auf der anderen Strassenseite ein kleines Restaurant. Er hatte grossen Hunger, aber kein Geld in der Tasche. Er entschloss sich am Strassenrand um einige Sous zu betteln. Zu seinem Glück hatten einige freundliche Menschen Mitleid mit dem schmuddeligen Nathan. Schon eine Stunde später konnte sich der hungrige Mann eine kleine Gemüsesuppe mit Brot und Bier leisten. Gerstensaft hatte er seit einer halben Ewigkeit nicht mehr getrunken, da es in der Abtei verboten gewesen war. Einigermassen satt verliess er wieder das Lokal und machte sich auf die Suche nach Arbeit. Er hatte keine Ahnung, wo er mit der Suche beginnen und wo er arbeiten sollte. Nathan wollte unbedingt in der Stadtmitte bleiben, und nicht irgendwo ausserhalb von Paris wohnen und arbeiten, da ihm die Architektur sehr gefiel. Eine Arbeit als Bauer wollte er nicht mehr verrichten, aber er wusste, dass er fast keine Fertigkeiten besass. Kaufmann, Metzger, Schneider oder Koch, all dies konnte er streichen. Eine Kutsche hatte er noch nie geführt, deshalb konnte er auch Transportarbeiten vergessen. Das einzige, mit dem er für sich werben konnte, war, dass er keine Ansprüche hatte und schon für wenig Geld arbeiten würde. Doch in den nächsten Stunden bekam er trotzdem nur Absagen. Er fragte an verschiedenen Orten, ob sie irgendwelche Putz- oder Aufräumarbeit für ihn hätten, doch alle schickten ihn weg. Betrübt lief Nathan durch die Strassen von Paris. Es war schwieriger Arbeit zu finden, als er es sich gedacht hatte. Es wurde immer kälter und es ging nicht mehr lange bis es wieder Nacht werden würde.

Nathan wusste, dass er an diesem Tag wahrscheinlich erfolglos bleiben würde und er sich langsam eine Übernachtungsmöglichkeit suchen sollte. Die Nacht brach herein und es wurde dunkel in Paris. Die grossen Menschenmassen verschwanden von den Strassen. Nur einige wenige Passanten, welche wahrscheinlich von der Arbeit nach Hause liefen oder obdachlos waren, fanden sich noch so spät in der Stadt. Nathan war sehr müde vom vielen Laufen und Appetit auf etwas zu essen und zu trinken hatte er auch. An der nächstbesten Stelle liess er sich nieder. Dieses Mal war es ein Seitengässchen südlich der Seine. Es war die Rue St. André des Arts. Die Strasse war nur spärlich beleuchtet und der Boden war schlecht gepflastert. Nathan hatte die Orientierung vollkommen verloren und man konnte in dieser Dunkelheit auch nichts mehr erkennen. Doch ihm war es gerade egal, er wollte nur noch schlafen. Und tat dies dann auch.

„Eh Monsieur, bitte stehen Sie auf, Monsieur. Sie hören mich, ich weiss es."
Nathan spürte, wie jemand an seinem Schulterkleid herumzupfte und dabei irgendetwas sagte.

„Ah, lassen Sie mich noch ein bisschen schlafen, ich will noch nicht aufstehen."

„Monsieur, ich bitte Sie nun das letzte Mal freundlich zu gehen, Sie haben die Nacht vor meinem Geschäft verbracht. Sonst werde ich handgreiflich."

Der Unbekannte machte seine Drohung wahr, packte Nathan grob an den Schultern und zog ihn vom Eingang seines Ladens weg.

„Lassen Sie mich los, ich geh ja schon", rief Nathan, der nun hellwach war.

Als sich Nathaniel aufsetzte, sah er einen älteren Mann vor sich stehen. Er hatte schulterlange, ganz weisse Haare und einen ungepflegten Bart. Er sah nicht sehr gut aus. Der Mann war mittelgross und schmal gebaut. Die Kleidung bestand aus einem schwarzen Pullover. Darüber trug er eine braune Jacke, beige Stoffhosen und braune alte Lederschuhen. Der Unbekannte drehte sich von Nathan weg, lief zu seinem Geschäft und war binnen Sekunden im Gebäude verschwunden. Erst jetzt fiel Nathan auf, dass er seine zweite Nacht in Paris vor einer Bibliothek verbracht hatte. Er hatte in der Abtei schon in einer Bibliothek gearbeitet. Bücher faszinierten Nathan. Man konnte mit Hilfe von Papier und Tinte all seine Gedanken und Gefühle verewigen. In den letzten Jahren hatte er Gefallen am Lesen und an Büchern bekommen. Er fasste sich ein Herz, lief zum Eingang des Hauses und klopfte an die Türe.

„Wer ist hier?", tönte es von innen.

Kurze Zeit später stand der alte Mann an der Türe und schaute Nathan genervt an.

„Was willst du, ich habe gesagt du sollst verschwinden, habe ich mich eben nicht klar genug ausgedrückt?"

„Ja schon, aber Monsieur."

„Nichts aber, verschwinde jetzt, ich habe schon viel zu viel Zeit mit dir verschwendet", unterbrach der Bibliothekar Nathan. Mit grosser Wucht schlug der Mann fluchend die Türe zu. Stur wie Nathan war, wich er aber nicht von der Stelle und blieb stehen.

„Monsieur, ich möchte gerne bei Ihnen arbeiten, damit ich mein schlechtes Benehmen wieder gut machen kann. Bitte geben Sie mir eine Chance, ich habe schon auf diesem Gebiet gearbeitet. Ich will nicht auf der Strasse verelenden und irgendwann verhungern." Nathan blieb noch eine kurze Weile vor der Türe stehen, in der Hoffnung, dass die Türe aufgehen und der Mann ihn hereinbitten würde. Doch nichts geschah. Nathan musste es akzeptieren, dass er auch an diesem Ort erfolgslos blieb. Mit gesenktem Haupte drehte er sich vom Laden weg und lief die Strasse entlang. Der Bibliothekar aber beobachtete das Geschehen vom Fenster aus. Ihm tat Nathan irgendwie ein bisschen leid. Er konnte sich nicht erklären weshalb. Es war einfach so. Im Moment könnte er Hilfe eigentlich sehr gut gebrauchen, denn jeden Tag die Bücher umsortieren oder von den hohen Gestellen herunterholen wurde etwas zu anstrengend. Er war eigentlich noch gut in Form für sein hohes Alter, aber der Gedanke daran, nur noch am Guichet zu sitzen und den Papierkram zu erledigen, gefiel ihm. Er besass die Bibliothek nun schon seit seinem fünfundzwanzigsten Lebensjahr, also fünfundvierzig Jahre, und noch nie hatte er sich richtig ausgeruht. Er war immer ein seriöser, tüchtiger Mann gewesen, der die Arbeit stets in den Vordergrund gestellt hatte. Es war auch eine lukrative Idee, denn diesen jungen Mann müsste er nicht gut bezahlen. Der wäre sicher mit ein, zwei Livres in der Woche zufrieden. Somit müsste er weniger arbeiten und würde nicht einmal viel Geld verlieren. Überzeugt von seiner neuen Idee lief der Mann so schnell er konnte zur Türe hinaus und fing an zu schreien:

„Bleib stehen, junger Mann, warte, heute ist dein Glückstag."

Nathan hörte die Rufe und blieb stehen. Völlig ausser Atem kam der alte Mann Nathan im Eiltempo entgegen. Dieser war verwirrt und konnte nicht nachvollziehen, was der alte Herr nun von ihm wollte.

„Endlich, junger Mann, bist du stehen geblieben. Du kannst froh sein, dass ich heute so einen guten Tag erwischt habe, sonst wäre die Situation vorhin schlechter für dich ausgegangen. Ich habe über dein Angebot nachgedacht", der alte Mann musste, während er sprach, immer wieder eine Pause machen, um sich von seinem Kraftakt zu erholen,

„und bin zu dem Entschluss gekommen", wieder musste er tief durchatmen, „dass ich jemanden wie dich gut gebrauchen könnte."

Nathan war verwirrt und fühlte sich schlecht behandelt. Eigentlich hätte er doch so dankbar über das Angebot sein und es auf Knien akzeptieren sollen, doch sein Stolz liess dies nicht zu.

„Was haben Sie gesagt? Sie wollten mich doch gerade eben noch zum Teufel jagen oder habe ich dies falsch verstanden?"

Der Mann war nun ebenfalls in seiner Ehre gekränkt und erwiderte:

„Du hast schon richtig gehört, du frecher Bursche, doch ich kann mein Angebot genau so schnell rückgängig machen, wie ich es dir angetragen habe, es gibt noch viele andere Menschen in Paris, die es sicher noch so dankend annehmen würden."

„Nein, schon gut, verzeihen Sie mir mein erneutes, schlechtes Benehmen, ich wäre noch so froh, wenn sie dies für mich machen könnten. Ich bin wirklich froh um jeden Livre, den ich verdienen kann."

„Monsieur, vergessen wir doch das, was vorhin passiert ist und fangen noch ein Mal von vorne an, in Ordnung?"

„Dem stimme ich zu, mein Junge, mein Name ist Albert Clement."

„Ich heisse Nathaniel Delon, aber die meisten nennen mich Nathan."

Nathan war überglücklich, endlich eine Arbeit gefunden zu haben. Albert und Nathan liefen gemeinsam in die Bibliothek und besprachen noch die Details. Die Bibliothek war nicht so gross. Sie bestand aus einem Raum; in diesem waren alle Bücher in vier Reihen an je drei Gestellen verteilt. Neben dem Eingang war ein kleines Guichet, an dem Albert den Papierkram erledigte. Dazu gehörten die Rechnungen für die Bücher zu bezahlen oder die Belege der verkauften Bücher zusammenzuzählen, damit er einen buchhalterischen Überblick über sein Geschäft hatte. Albert instruierte Nathan, wie es sein Vater mit ihm vor fünfundvierzig Jahren gemacht hatte, bevor ihn die königliche Armee rekrutiert hatte und er dann in einem Bauernaufstand brutal niedergemetzelt worden war. Nathan beeindruckte Albert, denn er begriff sehr schnell und machte einige Dinge schon richtig, bevor Albert es ihm gezeigt hatte. Als es Abend wurde und Albert das Geschäft verlassen wollte, kam ihm in den Sinn, dass Nathan wahrscheinlich noch keine Übernachtungsmöglichkeit hatte.

„Nathaniel, wo übernachtest du eigentlich"?

„Ich habe noch keine Wohnung oder so, ich werde die Nacht wahrscheinlich wieder draussen verbringen müssen", entgegnete Nathan etwas betrübt.

„Nein, sicher nicht, mein Arbeiter schläft nicht auf der Strasse wie es Clochards tun.

Folge mir." Albert lief von der Türe am Guichet vorbei nach hinten in die Ecke des Raumes. Dort befand sich noch eine kleine Türe, die er mit einem seiner vielen Schlüssel am Schlüsselbund öffnete. „Hier habe ich ein kleines Zimmer mit einem Bett. Wenn es spät wird und ich nicht mehr nach Hause gehen will, übernachte ich hier. Mach es dir gemütlich, wir sehen uns morgen wieder. Bonne Nuit." Albert verliess nun das Geschäft mit einem Schmunzeln. Er war sehr froh, dass er Nathan an diesem Tag schlafend bei ihm vor seiner Türe gefunden hatte. Nun war er nicht mehr so alleine und hatte jemanden, mit dem er sich austauschen konnte. Eine Frau hatte er nie gehabt, dafür war er zu langweilig und zu wenig unternehmungslustig. Er hatte natürlich auch keine Zeit, so viel wie er gearbeitet hatte. Albert liebte es alleine zu sein und sich seinen Geschichten zu widmen. Beim Lesen konnte ihm niemand seine Gedanken rauben oder kritisieren. Die Bücher gaben ihm das Gefühl von Freiheit und Erfüllung. Doch irgendwann einmal sehnte sich jeder nach ein wenig Gesellschaft. Nathan war genau das, was er gebraucht hatte. Alberts Wohnung war nur fünf Gehminuten von der Bibliothek entfernt und befand sich ebenfalls in der Rue St. André des Arts. Er hatte sich zuerst überlegt, Nathaniel zu sich in die Wohnung zu nehmen, aber es hätte zu wenig Platz gehabt. Sein Zuhause war sehr klein und hatte neben dem Schlafzimmer, das zugleich sein Ess- und Wohnzimmer war nur ein kleines Bad und eine kleine Küche. Zudem wollte er Nathan von Anfang an das volle Vertrauen schenken und ihn mit seinem ganzen Vermächtnis, den Büchern, alleine lassen. Mit einem so wohligen Gefühl, wie er es schon lange nicht mehr verspürt hatte, legte sich Albert zu Bett und schlief ein.

Am nächsten Tag ging Albert etwas früher als sonst in die Bibliothek. Er brachte Nathan neue Kleidung, weil Albert die stinkende und kaputte Mönchskleidung, die Nathaniel noch trug, schrecklich fand. Albert hatte nichts mit Religion am Hut. Er hatte schon zu viel religionskritische Literatur gelesen und auch seine Eltern hatten ihn keineswegs christlich aufgezogen.
Der Tag ging schnell vorüber, auch alle nächsten Tage. Die beiden sprachen sehr viel miteinander, wenn sie gerade mit Arbeit beschäftigt waren oder den Leuten im Lesesaal etwas zeigen mussten, sehr viel miteinander und bauten somit eine gute Basis des gegenseitigen Vertrauens auf.
„Nathan wo bist du eigentlich geboren?", fragte Albert neugierig.
„In Domme, einem kleinen aber schön gelegenen Dorf im Südwesten von Frankreich. Und du, wurdest du in Paris geboren?"
„Ja, seit meiner Geburt habe ich Paris noch nie verlassen."

„Das ist beeindruckend. Wie hält man es denn so lange, an dem selben Ort aus?"

„Ich weiss es nicht. Ich hatte nie den Drang wegzureisen. Ausserdem hatte unsere Familie nicht viel Geld. Mein Vater ist früh gestorben und ich wollte meine Mutter nicht alleine lassen."

„Ich verstehe dich gut. Ich habe meine Eltern ebenfalls früh verloren, sie kamen bei einem Gewitter ums Leben."

Albert war, wie Père Jean auch, ein guter Zuhörer und nahm das, was sein Gegenüber sagte, sehr ernst. Er fand Gefallen daran, Nathan verschiedene Bücher zu zeigen und ihm die Freiheit und Erfüllung, welche er beim Lesen von Geschichten verspürte, zu vermitteln. Eines Abends, als das Geschäft schon geschlossen war, rief Albert Nathan zu sich und bat ihn, sich zu ihm an den Tisch beim Eingang zu setzen.

„Nathan, ich möchte mich bei dir bedanken. Du bist mir wirklich eine grosse Hilfe und hast mir wieder mehr Lebensfreude geschenkt. Die Gespräche mit dir sind immer sehr einfühlsam und mich freut dein grosses Interesse an Büchern."

„Ich müsste dir, Albert, eigentlich mehr danken. Du hast mir das Leben gerettet. Ich habe nur deinetwegen wieder regelmässige Mahlzeiten und eine Übernachtungsmöglichkeit."

„Dies ist schön zu hören Nathaniel. Darf ich dich etwas fragen?"

„Nur zu Albert."

„Wie stehst du eigentlich zur Religion?"

„Wie du ja schon weisst, habe ich vier Jahre als Novize in einem Kloster gelebt und mich während dieser Zeit an die Regeln des heiligen Benedikts gehalten. Ein sehr trauriges und schlimmes Ereignis, welches ich aber nicht erzählen will, hat mich dazu gebracht, nach Paris weiterzuziehen. Mehr möchte ich jetzt hierzu nicht sagen, dies verstehst du sicher."

„Ja klar Nathaniel, du musst mir nur das erzählen, was du willst. Ich möchte mich hier mit einem kleinen Geschenk bei dir bedanken. Du arbeitest sehr tüchtig und konzentriert."

Albert gab Nathan eine kleine Truhe. Sie sah der Spesentruhe aus der Abtei, die Nathan vom Kutscher gestohlen worden war, sehr ähnlich, jedoch war der Inhalt ein ganz anderer. Nathan öffnete die Truhe und sah eine Menge von Büchern und Schriften.

„All diese Bücher und Schriften habe ich in meiner Freizeit vom Lateinischen ins Französische übersetzt. Ich dachte, dass sie dich interessieren könnten. Wenn du gerade Zeit hast, lies das eine oder andere Werk aus dieser Truhe."

Mit diesen Worten stand Albert vom Tisch auf und lief zum Ausgang. Nathan bedankte sich höflich bei Albert, kurz bevor dieser dann das Geschäft verliess. Nathaniel freute sich sehr über Alberts Geschenk. Mit grosser Vorfreude setzte sich Nathaniel wieder an den Tisch, auf dem die Truhe stand. Er zündete noch eine zweite Kerze an, damit er besser lesen und sehen konnte.

Ein Werk nach dem anderen nahm er heraus und verteilte die Bücher auf dem hölzernen Tisch. Als erstes schaute er sich ein Werk namens *„Principes mathématiques de la philosophie naturelle"* von einem gewissen Issac Newton an. Danach wandte er sich dem Philosophen Jean Jacques Rousseau zu. Albert hatte die Werke *„Discours sur l'origine et les fondements de l'inégalité parmi les hommes"* und *"Émile ou De l'éducation"* übersetzt. Als letztes an diesem Abend, beschäftigte sich Nathan mit den Werken von Gotthold Ephraim Lessing. Besonders eines stach ihm ins Auge, es hiess: *„Das Christentum der Vernunft".* Er begann zu lesen:

Das einzige vollkommenste Wesen hat sich von Ewigkeit her mit nichts als mit der Betrachtung des Vollkommensten beschäftigen können. Das Vollkommenste ist er selbst; und also hat Gott von Ewigkeit her nur sich selbst denken können.........

Er begriff auf den ersten Moment nicht ganz was er las, es war aber auch schon spät am Abend. Nathan blies die eine Kerze aus und nahm die andere in seine Hand, damit er schnell zu seinem Schlafraum fand. Ein weiterer Tag in Paris ging vorüber.

Am nächsten Tag wachte Nathan mit leichten Kopfschmerzen auf. Albert kam wie gewohnt um zehn Uhr in den Bücherladen. Doch Nathan hatte heute keine Lust zu arbeiten.

„Albert, wäre es vielleicht möglich, dass ich heute der Arbeit in der Bibliothek fern bleibe? Ich würde gerne etwas Zeit für mich beanspruchen."

„Kein Problem, du darfst dir sicherlich eine kleine Auszeit nehmen. Du warst in den letzten Tagen und Wochen immer sehr fleissig. Los, verschwinde jetzt, ich komme hier gut ohne dich aus."

Albert hatte Nathan sofort angesehen, dass ihn etwas bedrückte. Nachfragen wollte er aber nicht. Die Strassen von Paris waren wie immer voll mit Leuten, die beschäftigt aussahen und einer von ihnen war Nathaniel. Er suchte nach einer katholischen Kirche, denn er wollte beichten gehen. Nach dem Gespräch mit Albert am vergangenen Tag, war ihm etwas klar geworden. Er hatte eigentlich gesündigt, indem er den kleinen, hilflosen Buben im Stich gelassen hatte. Es war eine komplett neue Sicht auf das Geschehen, jedoch eine Sicht, die Nathan sehr traurig und verzweifelt stimmte. Nach einem längeren Spaziergang fand er eine kleine Kirche. Nathan betrat sie mit gemischten Gefühlen, denn seit langer Zeit war er nicht mehr im Haus Gottes gewesen. Es war ein spezieller Moment für ihn. Niemand ausser ihm war in der Kirche. Nathan lief langsam an den Sitzbänken vorbei und schaute sich die verschiedenen Skulpturen und Wandmalereien an. Die Bilder und Kunstwerke gefielen ihm, jedoch waren sie nicht zu vergleichen mit denen in der Abtei. Der Beichtstuhl befand sich auf der linken Seite des Altares, im vorderen Teil der Kirche. Er setzte sich hin und wartete. Sekunden später hörte Nathan, wie sich jemand auf den Stuhl nebenan setzte.

„Im Namen des Vaters, des Sohnes und des heiligen Geistes, Amen."

„Gott, der unser Herz erleuchtet, schenke dir wahre Erkenntnis deiner Sünden und Seiner Barmherzigkeit. Wie kann ich Ihnen helfen, gnädiger Herr?"

„Ich glaube ich habe gesündigt, mein Vater. Ich würde gerne mit jemandem über mein unchristliches Verhalten sprechen."

„Nur zu, dafür ist ja die Beichte da. Welch sündhafte Tat haben Sie denn begangen?"

„Es war vor ein paar Wochen, mein Vater, da war ich selbst noch ein Novize. Ich lebte und lernte in der Abtei Saint-Fleury. Doch an einem stürmischen Tag musste ich Schreckliches erleben. Ich sah, wie sich ein Anhänger des Benedikts ohne Reue an einem unschuldigen Buben verging. Der Mann, der diese sündhafte Tat vollbrachte, war einst mein Freund. Aus Angst und Feigheit blieb ich Beobachter der schrecklichen Situation und griff nicht in das Geschehen ein, nein, ich flüchtete sogar aus dem Zimmer. In dieser Handlung sehe ich meine Sünde. Somit bereue ich, dass ich Böses getan und Gutes unterlassen habe. Erbarme Dich meiner, o Herr."

Nathan atmete tief durch. Er war stolz auf sich, denn er hatte die tragische Geschichte ohne zu zögern erzählen können. Dies hätte er nicht so von sich erwartet.

„Gott, der barmherzige Vater, hat durch den Tod und die Auferstehung seines Sohnes die Welt mit sich versöhnt und den Heiligen Geist gesandt zur Vergebung der Sünden. Durch den Dienst der Kirche schenke er dir Verzeihung und Frieden. So spreche ich dich los von deinen Sünden im Namen des Vaters und des Sohnes und des Heiligen Geistes,

Amen", ertönte es noch von beiden Stühlen.

Nathan fand ein bisschen komisch, dass der Priester überhaupt nicht auf seine Sünde eingegangen war und einfach seinen Standardspruch gesprochen hatte. Als Nathaniel hörte, dass der Priester den Beichtstuhl verlassen wollte, reagierte er, um eine befriedigendere Antwort zu erhalten.

„Warten Sie, mein Vater. Sie sind ja überhaupt nicht auf meine Sünde eingegangen. Ich möchte sie etwas fragen."

„Dann frage jetzt, ich habe nicht den ganzen Tag Zeit und zu deiner Sünde gibt es nichts mehr zu sagen!"

Nathan hörte die Unsichere und wütende Stimme seines Gegenübers, dennoch fragte er in seiner Sturheit wieder nach.

„Denken Sie, mein Vater, es gibt noch mehr Geistliche, die so schreckliche Taten vollbringen? Und denken Sie nicht auch, dass die Keuschheit, beziehungsweise das Zölibat der Kleriker eine Ursache solch unchristliche Handlungen sein könnte?"

„Hör zu, ich bin mir sicher, dass dieser Mann seine gerechte Strafe erhalten wird und ich bin mir auch sicher, dass die heiligen Versprechen der Kleriker keine Ursache für diese einmalige Schandtat sind. Wenn du dies jedoch in Frage stellst, dann stellst du unseren heiligen Vater, seinen Sohn und den heiligen Geist in Frage und wirst nach deinem Tode die unerträgliche Hölle des Teufels anstatt das gelobte Paradies ertragen müssen. So, nun hast du deine Antwort und verschwinde von hier!"

Nathan war sprachlos. Er konnte nicht nachvollziehen, wie jemand solche Antworten geben konnte. Er hatte doch nichts falsch gemacht und war stets höflich gewesen. Enttäuscht verliess er die Kirche und beendete seinen Ausflug.

Die nächsten Tage, Wochen, gar Monate gingen sehr schnell vorüber. Die Bibliothek war stets voll, Nathan und Albert durften täglich dutzende Kunden bedienen, was Nathan gut ablenkte. Am Abend gingen die Beiden oft zusammen etwas trinken und essen. Dafür eignete sich das alte, schäbige Gasthaus „Chez Alphonse" sehr gut. Die Preise waren tief, das Essen nicht schlecht und die Atmosphäre sehr unterhaltsam. Es war ein Ort des niederen Volkes, welches sich in Massen zu soff und dann noch versuchte Politik zu betreiben. Nathan bestellte meistens seine Leibspeise: Entenbrust mit Kartoffeln und Karotten. Ein Krug Gerstensaft durfte natürlich auch nicht fehlen. Albert begnügte sich jeweils mit einem kleinen Gemüseeintopf und einer Scheibe Brot, denn sein Appetit hatte im Alter stark abgenommen. Dennoch genoss Albert die gemütlichen Abendstunden mit Nathan im „Chez Alphonse". Wenn Nathan keine Lust hatte am Abend ausser Haus zu gehen, beschäftigte er sich intensiv mit den Büchern, die ihm Monsieur Clement geschenkt hatte. Die Inhalte der Texte beeinflussten Nathan und er fing an die Dinge, die er erlebte oder in den Zeitungen las, immer mehr zu hinterfragen und kritischer zu betrachten. Seit seiner Beichte hatte er auch begonnen, die Religion kritischer anzusehen, die verschiedenen Geschichten zu hinterfragen und die Texte nicht mehr wortwörtlich sondern symbolisch zu verstehen. Er distanzierte sich somit immer mehr vom Christentum. Verständlicher Weise war er immer noch niedergeschlagen vom frustrierenden Gespräch mit dem Priester. Nathaniel musste deswegen noch öfter an die letzte Nacht in der Abtei denken, als sich Jean, der seine einzige Bezugsperson im Kloster gewesen war, an einem unschuldigen Kind vergangen hatte. Was war aus dem Kind geworden? Wo war Jean jetzt? Wie viele Kinder waren schon von Jean misshandelt worden? Gab es noch weitere Mönche oder Priester, die solch schlimme Taten begangen hatten und begehen werden? Nathan konnte mit dieser schrecklichen Nacht einfach nicht abschliessen, da er überhaupt keine befriedigenden Antworten auf seine Fragen bekommen hatte. Eines Abends ging Nathan alleine ins „Chez Alphonse", da Albert zu müde war und sich schon früh ins Bett legen wollte. Im Lokal angekommen, wollte sich Nathan wie gewöhnlich an den hintersten Tisch setzten. Doch dieser war schon von einer Person besetzt. Nathan fiel sofort auf, was für eine Person es war.

„Darf ich mich zu Ihnen setzen, Vater?", fragte Nathan.

„Ja gewiss, ich bin alleine hier."

„Dann würde es mich interessieren, was ein Mönch hier alleine in diesem schäbigen Lokal mitten im Herzen von Paris macht?"

„Ich will wie Sie hier mein Abendessen konsumieren, ist dies denn nicht erlaubt?"

„Doch doch! Mir ist aber noch nie ein Mönch in dieser Kneipe zu Gesicht gekommen und ich weiss aus eigener Erfahrung, dass man als Mönch solch düstere Löcher eher meidet."

„Da stimme ich Ihnen zu. Ich bin aber gerade auf der Durchreise und wollte noch geschwind etwas in den Magen bekommen, bevor ich meine Weiterreise nach Nantes antrete. Wieso sprechen Sie aus eigener Erfahrung?"

„Kennen Sie die Abtei Saint-Fleury? Ich habe dort für eine Zeit als Novize gelebt, doch bin dann weiter nach Paris gezogen."

„Wieso denn? Hatte Ihnen das Leben als Geistlicher nicht gefallen?", fragte der Mönch neugierig.

Nathan erschauderte es innerlich, denn ihm wurde ganz kalt und er musste wieder an das Gespräch mit dem Priester aus der Kirche denken. Er überlegte einen Moment lang, wie er antworten sollte. Dies wäre nun eine zweite Chance, mit einer erfahrenen Person über das Ereignis zu sprechen. Zur Beichte wollte er nicht mehr gehen, das hatte er sich geschworen. Nathan spürte irgendwie, dass dieser Mönch liberaler war als der Priester in der Kirche, sonst würde er sein Abendessen nicht in diesem Lokal essen. Er hoffte auf ein befriedigendes Gespräch.

„Ich habe etwas, erlebt, von dem ich nie gedacht hätte, dass ich es an diesem Ort erleben würde."

„Was denn, werter Herr?"

Nathan erzählte dem Mönch die ganze Geschichte von Saint-Fleury, wie sich Jean und er kennengelernt hatten, Jean ihm das Leben in der Abtei näher brachte und schlussendlich von der letzten Nacht im Kloster. Der Mönch war sichtlich geschockt und küsste ein Holzkreuz, welches er aus seiner Manteltasche hervornahm.

„Dies ist eine sehr schreckliche Geschichte, doch sei wegen diesem Erlebnis nicht negativ beeinflusst und verfolge deinen Pfad weiterhin."

„Sehen sie mein Nicht-Handeln als eine sündige Tat?", fragte Nathan gleich anschliessend.

„Dies ist sehr schwer zu beantworten. Ich kann dein Handeln vollkommen verstehen und ich denke sehr viele Menschen hätten in deiner Situation ebenso gehandelt, jedoch wäre es sicher besser gewesen, hättest du mehr Mut bewiesen und das Ganze unterbunden. Aber als Sünde würde ich es nicht betrachten."

„Kann ich Sie Weiteres fragen, gnädiger Herr?"

„Natürlich."

„Denken Sie, es gibt noch mehr solch tragische Vorfälle, die Kleriker begehen und könnte nicht die Keuschheit beziehungsweise das Zölibat eine Ursache für solch unchristliches Handeln sein?"

„Ich kann und will das nicht genau beantworten, jedoch kann man es leider nicht ausschliessen. Der Eid, den man schwört bevor man den Pfad an Gottes Seite einschlägt, ist ein schweres Versprechen. Ich spreche, wie du schon erwähnt hast, von der Keuschheit beziehungsweise vom Zölibat. Jedoch, wenn man am Ende des Lebens auf dem Totenbett liegt oder schon nur, bevor man sich schlafen legt und weiss, man hat alles richtig, nach Gottes Willen, gemacht, gelebt, so ist dieser Gedanke viel grösser und wertvoller als das Eingehen einer Ehe oder Liebesnacht. Es gibt nichts Grösseres auf Erden als die reine und gute Beziehung, die man zu Gott aufbaut. Dies ist alles, was ich aus meiner Sicht dazu sagen kann. Es tut mir leid, ich würde noch gerne weiter mit Ihnen sprechen, jedoch bin ich unter Zeitdruck und muss Sie nun leider verlassen. Prägen Sie sich das, was ich Ihnen gesagt habe, gut ein und verfolgen Sie ihren Pfad weiterhin. Dies macht aus meiner Sicht den Sinn des Lebens aus. Au revoir, mon frère."

Mit gemischten Gefühlen lief Nathan nach Hause. Genau ein solches Gespräch hatte er gebraucht. Endlich hatte er mit jemandem darüber sprechen können, der ihn verstand. Nun war die Sache für ihn abgeschlossen. Er nahm sich zu Herzen, was der

Mönch zu ihm gesagt hatte und wollte nun seinen Weg verfolgen, wohin er auch immer führte.

Nathaniel war nun schon sechs Jahre in Paris. Alberts Gesundheitszustand hatte sich in den Jahren stark verschlechtert. Er wurde sehr vergesslich und erkannte Nathan an miesen Tagen manchmal nicht mehr. Hinzu kamen noch die starken Kopf- und Gliederschmerzen. Albert konnte man kaum mehr alleine lassen, deswegen zog Nathan zu ihm in die Wohnung. Tagsüber nahm er den kranken Mann mit in die Bibliothek und liess ihn im kleinen Hinterstübchen schlafen. Somit konnte Nathan das Geschäft weiterhin betreiben. Doch die Pflege von Albert bedurfte eines grossen Zeitaufwandes, den Nathaniel nur mit grosser Mühe aufbringen konnte. Am Ende des Tages war er jeweils sehr erschöpft und hatte leider oft keine Ausdauer mehr zu lesen. Auch das „Chez Alphonse" besuchte er nur noch selten. Die Entwicklung des Lokals fiel ihm aber dennoch auf. Ein junger Kaufmann, den man Gilbert nannte, hielt jeden Freitagabend eine Rede. Er sprach gegen die Lilie und gegen die Unterdrückung der ärmeren Bürger Frankreichs. Dies fand Nathan eigentlich gar nicht so schlecht. Das Problem war nur, dass dieser Gilbert etwas hochmütig und naiv war. Am Anfang waren es noch harmlose Ansprachen. Allerdings wurde Gilbert im Laufe der Zeit immer aussergewöhnlicher und grössenwahnsinniger. Immer mehr Männer kamen ins „Chez Alphonse", um die berüchtigten Reden Gilberts zu hören. Nathan war stets nur Beobachter und wollte nichts mit dieser lächerlichen Meute zu tun haben, denn ihm war schon von Anfang an klar, dass diese Aktion kein gutes Ende nehmen konnte.

„Albert, ich bin wieder zu Hause", rief Nathan, als er die Wohnung von Albert betrat.
„Wer ist da?", schrie Albert aus dem Schlafzimmer.

„Ich bin es, Nathaniel."

„Ah gut, dass du wieder hier bist, du warst sehr lange weg."

Nathan hatte es sich nun am Bettrand von Albert gemütlich gemacht und musste leicht schmunzeln.

„Sind zwei Stunden lange für dich?"

Albert setzte sich auf und schaute Nathan verwirrt an.

„Wer bist denn du? Was machst du in meiner Wohnung? Geh raus!"

„Albert beruhige dich, ich bin es, Nathaniel Delon. Der, den du eines Tages schlafend vor deiner schönen Bibliothek gefunden hast."

„Ah Nathaniel, wie lange bist du denn schon hier? Ich hab gar nicht gehört, dass du hineingekommen bist. Schön, bist du wieder da, mein lieber Nathaniel."

Nathan seufzte vor sich hin. Der Zustand von Albert hatte sich wieder verschlechtert. Nathan fragte sich, wie lange es noch dauern würde, bis Albert von ihm ging.

„Wie sind deine Schmerzen, Albert?"

„Sie haben am ganzen Leib zugenommen. Ausser die am rechten Fuss, die sind komischerweise verschwunden." Nathan befürchtete schon das Schlimmste, denn der rechte Fuss war das letzte Mal, als er nachgeschaut hatte, halb schwarz gewesen und stank nach faulen Eiern. Zögernd hob Nathan die Wolldecke. Schlagartig reagierte Albert und klagte, dass ihm kalt sei. Nathans Vermutung bestätigte sich, nun war der ganze Fuss schwarz und hatte diesen ätzenden Geruch. Der Gesundheitszustand von Albert stimmte Nathan sehr traurig. Es würde nicht mehr lange dauern und er würde wieder alleine sein. Mit Tränen in den Augen deckte Nathan Albert liebevoll zu und wünschte ihm noch eine gute Nacht. Nathan schlief sehr schlecht in dieser Nacht.

Am nächsten Tag hatte er keine Lust zu arbeiten und liess die Bibliothek den ganzen Tag geschlossen. Er wollte sich eine kleine Auszeit nehmen und an der Seine spazieren fahren.

Nachdenklich lief er entlang des fliessenden Gewässers. Das sanfte Rauschen der Seine beruhigte ihn. Das Wetter war an diesem Tag durchzogen, manchmal schienen einzelne Sonnenstrahlen durch die Wolkendichte hindurch. Die Strassen waren praktisch leer, nur wenige Menschen trauten sich aus den Häusern. Nach einer Weile setzte sich Nathan am Ufer hin und beobachtete zwei fliegende Vögel, die zusammen spielten. Einmal flogen sie aufwärts, dann liessen sie sich in einem Sturzmanöver fallen, dann drehten sie wieder halbe Pirouetten. Plötzlich, aus dem Nichts, stürzte einer der beiden regungslos herunter. Nathan stand sofort auf, um nachzusehen, was mit dem Tier passiert war, doch er konnte es nirgends entdecken. Nathan blickte noch eine Weile ins Wasser, doch nichts war zu sehen. Er sah nur sein Abbild im Wasser. Ein Mann mit schulterlangen, braunen Haaren, einem Vollbart, der das kantige Kinn verdeckte. War das wirklich er? Nathan nahm einen Stein in die Hand und warf ihn auf sein Abbild. Als sich das Wasser wieder etwas beruhigte, war immer noch der gleiche Mann zu sehen. Zehn Jahre war es nun her, dass er Domme verlassen hatte. Viele, sehr viele Dinge hatte er erlebt, doch war das wirklich das, was er immer gewollt hatte? Täglich in der Bibliothek arbeiten, zwischendurch einen alten, kranken Mann pflegen und nur selten am Abend auswärts essen gehen. Musste er wieder etwas in seinem Leben verändern? Er stand noch lange da, am Ufer der Seine und suchte vergeblich eine Antwort.

Stunden später an diesem Freitag sass er wieder im „Chez Alphonse", wieder an seinem Stammtisch und hatte wieder seine Leibspeise auf dem Teller. Und wieder hielt der berüchtigte Kaufmann Gilbert eine seiner plakativen Reden. Nathan träumte vor sich hin und reagierte nicht, als das Servierfräulein fragte, ob er noch gerne mehr Bier hätte. Leicht genervt lief die Frau zum nächsten Tisch. Mit den Worten „Zusammen sind wir stark und können eine Veränderung herbeiführen!", beendete Gilbert seine Ansprache. Die Menschenmasse verteilte sich wieder in mehrere kleine Gruppen und die lauthals geführten Gespräche fingen von vorne an. Plötzlich knallte die Eingangstüre auf und ein grosser Mann mit schwarzen Handschuhen, in blauer Uniform, auf der ein weisses Kreuz war, trat ein. Mehrere Männer mit Gewehren folgten ihm. Alle hatten die Lilie auf den Uniformen aufgenäht. Genaueres konnte Nathaniel nicht erkennen, er sass zu weit weg. Der Raum wurde auf der Stelle still. Alle richteten ihre Köpfe in Richtung Eingangstür.

„Guten Abend meine Herren, ich bin von den königlichen Truppen. Einer meiner Informanten hat mir gesagt, dass sich hier eine kleine Rebellion entwickelte. Ist dem wirklich so?"

Niemand sagte etwas. Vor fünf Minuten war noch jeder motiviert eine Revolution zu planen und kaum wurden sie ein wenig unter Druck gesetzt, zitterten allen die Knie und sie hatten die Kunst des Sprechens verloren. Nathan verfolgte die heikle Situation gespannt weiter.

„Ich will hier nicht noch unnötig Blut vergiessen", fuhr der angsteinflössende Mann fort.

„Zum letzten Mal, will hier irgendjemand eine Rebellion anzetteln?"

Weiterhin Stille, der unbekannte Mann in Uniform ging ganz ruhig auf einen der Typen zu, welcher vor zehn Minuten noch Bäume hatte ausreissen wollen. Er nahm seinen Revolver hervor und lud die Waffe.

Mit einem kühlen Grinsen hielt er dem ängstlichen Rebellen die geladene Waffe an den Kopf und sagte irgendetwas, das Nathan nicht verstand.

„Gilbert, Gilbert, zeige dich, du bist hier der Hauptverantwortliche", schrie plötzlich einer aus der Menge. Dann ein zweiter und ein dritter. Es ertönte nur noch „Gilbert" im ganzen Raum bis ein Knall die Masse zum Stillschweigen brachte. Ein Schuss hatte sich gelöst. Der Mann in Uniform hatte gezielt auf den Boden geschossen.

Die Stimme des Mannes wurde lauter.

„Dieser Gilbert sollte jetzt hervortreten, meine Geduld ist langsam am Ende, ich zähle von fünf runter, dann werde ich nicht mehr auf den Boden schiessen. Fünf, vier, drei, zwei."

„Monsieur halt, bitte nicht schiessen. Das ist Gilbert, er hat seit Monaten jeden Freitag eine Rede gehalten und wollte uns gegen das gelobte Frankreich aufhetzen. Hier nehmen Sie ihn, aber verschonen Sie uns andere, Unschuldige."

Ein kleiner, schmächtiger Mann trat aus der Masse hervor, dahinter zwei stämmige Typen, die Gilbert festhielten.

„Er wollte gerade durch die Hintertür fliehen, aber wir haben ihn rechtzeitig fassen können, dies ist der Mann, den Ihr sucht."

„Ist dem so? Bist du wirklich Gilbert und lehnst dich seit Wochen gegen unser wunderbares Vaterland auf?"

Von Gilbert kam nichts.

„Nehmt gleich alle vier fest. Freunde zu verraten ist fast so schlimm wie zu rebellieren. Allez!"

Die bewaffneten Männer packten sich die vier Rebellen und führten sie gewaltsam auf die Strasse. Der Anführer der Garde blieb noch ein Weilchen stehen und schaute in die eingeschüchterte Menge.

„Ich will nicht noch ein zweites Mal hierher kommen. Das nächste Mal werde ich sicher nicht mehr eine so gute Laune wie heute haben, verstanden? Bonne Soirée!"

Der Mann verliess das Lokal. Nathan fehlte der Atem, er hatte Schlimmes erwartet, doch sicherlich nicht in diesem Ausmasse. Die unangenehme Stille hielt nicht lange an. Als wäre nichts passiert, verschworen sich die übrigen Rebellen noch stärker. Was auch gut war, denn die königlichen Truppen wollten das Gegenteil erreichen. Nathan bekam erneut Hunger und verlangte einen Nachschlag. Später an diesem merkwürdigen Abend ging die Eingangstüre erneut auf und ein durchnässter, junger Mann trat ins „Chez Alphonse" ein. Sein Name war Maxim.

Zweiter Teil

Auf der Brücke (Amicitia)

Nathan sah, wie der unbekannte, stämmige Mann durch die dichte Menschenmasse auf ihn zulief. Nathaniel konzentrierte sich jedoch weiterhin auf sein Essen.

„Keine Lust, euch auch am Gespräch zu beteiligen, werter Herr?", fragte Maxim ohne Scheu.

Nathan hob sein Haupt und starrte verwundert dem bärtigen Mann, der vorhin eingetreten war, ins Gesicht. Er entgegnete: „Wer sind Sie?"

Maxim Julien Lefort, man nennt mich aber Maxim. Und Sie?"

„Auf Nathaniel Delon wurde ich getauft, doch man nennt mich Nathan. Was treibt Sie in ein solch schäbiges Lokal?"

„Ich hatte Hunger und das war das Erste, was mir ins Auge fiel bei diesem Unwetter. Aber kommen wir doch auf meine Frage zurück. Was tun Sie hier so alleine, ohne Interesse an den Gesprächen?"

„Setzen Sie sich doch zu mir."

„Gerne. Ich wiederhole, was tun Sie hier so alleine ohne Interesse an den Gesprächen?"

„Wollen Sie das wirklich wissen?"

„Ja, darum frage ich."

„Hören Sie mir zu, Monsieur Lefort. Wenn sie mich fragen, haben diese naiven Kerle hier keine Ahnung, wovon sie sprechen. Die hören sich doch nicht mal gegenseitig zu und sie sprechen in einem widerlichen Ton. Noch dazu sind die meisten von ihnen betrunken.

Sie mögen gute Gedankengänge und Ideen haben, jedoch keinen blassen Schimmer von der Umsetzung. Sie brauchen gescheite Mitstreiter. Ich kann da nicht zuhören."

Nathan sah, wie Maxim sich eine Pfeife anzündete und genüsslich zwei Mal daran zog, bis dieser dann fragte:

„Wie sehen Sie denn die aktuelle Lage Frankreichs?"

„Direkte Frage!", entgegnete Nathan erstaunt.

„Ich weiss, das ist meine Art."

Die beiden lachten und spürten sofort Sympathie füreinander.

Nathan sah, wie die überforderte Serviertochter auf die beiden zukam und sie fragte Maxim:

„Möchte der Herr etwas bestellen?"

„Ich nehme gerne eine Gemüsesuppe. Und haben Sie einen guten Roten?"

„Den Bordeaux würd ich empfehlen."

„Exzellent! Bringen Sie mir einen guten Tropfen davon."

„Sehr wohl, der Herr."

Nathaniel beobachtete das Gespräch ohne etwas zu sagen, bis er bestürzt erwähnte:

„Ich hasse Wein."

„Ah, wie ich sehe, bevorzugen Sie eher den Gerstensaft."

„Genau."

Erneut lachten die beiden.

Es ging nicht lange, da stand das müde aussehende Servierfräulein wieder bei den zwei Herren und brachte den Wein.

Sie unterbrach ihr Gespräch: „Hier der Bordeaux, ich hoffe er mundet."

Maxim entgegnete: „Was macht ein junges, hübsches Weib wie Sie in einem solchen Drecksloch wie diesem?"

Während Maxim diese Frage stellte, verschlang Nathan weiter seine Entenbrust.

„Ich bin schon 34 Jahre alt und noch nicht verheiratet, da muss man schauen, wo man bleibt und nehmen, was sich anbietet."

„Verstehe", sagte Maxim und legte ihr zwei Sous hin.

„Kaufen Sie sich damit etwas Schönes."

„Ich danke Ihnen, gnädiger Herr", flüsterte sie und lief geschwind zurück in die Küche.

Nathan freute sich innerlich über Maxims Grosszügigkeit und war beindruckt.

„Sie sind von gutem Hause, nicht wahr?", fragte Nathan neugierig.

„Wieso meinen Sie?"

„Ein Normalbürger könnte nicht einfach so grosszügig Geld verschwenden."

„Ich bin Kaufmannssohn und gerade dabei, diesen Beruf zu erlernen."

Nathan schmunzelte und antwortete nicht, bis Maxim erneut das Gespräch suchte:

„Und was machen Sie?"

„Ich bin Bibliothekar und betreibe die Bücherei eines Freundes, der leider aufgrund seines hohen Alters nicht mehr arbeiten kann. Es ist ein kleiner Laden im Herzen von Paris."

„Sehr interessant. Also lesen Sie gerne?"

„Aber natürlich, bei keiner anderen Beschäftigung kann man sich so entfalten und geistige Freiheit verspüren wie beim Lesen. Und Sie?"

„Aber ja doch. Haben Sie sich schon mit Rousseau befasst?"

„Ich habe kürzlich Passagen aus einem seiner Werke gelesen. Ist Ihnen *Discours sur l'origine et les fondements de l'inégalité parmi les hommes* ein Begriff?"

„*Der Mensch ist frei geboren, und überall liegt er in Ketten*", zitierte Maxim stolz.

„Unglaublich, dass es noch jemanden gibt, der Rousseau offensichtlich mag. Der erste Satz des ersten Kapitels des Gesellschaftsvertrages, nicht wahr?"

„Exactement! Was halten Sie von dieser Aussage?"

„Sie inspiriert mich, ich finde, dass sie zwar kurz ist, aber viel aussagt. Der Mensch ist frei geboren, dies ist ein Faktum. Überall liegt er in Ketten, diesen Abschnitt kann man meiner Meinung nach auf viele verschiedene Weisen interpretieren. Ketten können lang sein, das heisst, dass man sich innerhalb dieser

Gefangenschaft frei bewegen kann, aber irgendwann an die Grenzen seines freien Raumes kommt. Andererseits können die Ketten auch kurz sein und man hat dementsprechend von vorne herein weniger Freiraum. Mit dem freien Raum meine ich die Möglichkeit, wie ein Mensch, irgendwo auf der Welt geboren, sein Leben gestalten und ausfüllen kann. In der aktuellen Lage Frankreichs interpretiere ich die Ketten der meisten Bürger als kurz. So verstehe ich Rousseau."

„Das ist ja sehr spannend, Monsieur Delon, ich finde Ihre Interpretation sehr interessant, doch haben Sie sich auch schon mal überlegt, wer die Ketten anbringt?"

„Ich persönlich denke, dass es die mächtigsten Personen in einer Gesellschaft sind."

„Gute Überlegung, käme für Sie auch Gott in Frage?"

Nathan schmunzelte.

„Das kann ich nicht beantworten."

„Denken Sie, man könnte in nächster Zeit die Ketten wieder etwas länger machen?"

„Ich hoffe es doch sehr. Monsieur Lefort, möchten Sie noch etwas trinken, ihr Glas ist ja schon leer?"

„Ja gerne."

Nathan winkte der Serviertochter und bestellte noch ein Bier und Wein. Maxim zündete sich erneut eine Pfeife an und fragte: „Wollen Sie auch eine?"

Nathan wusste nicht, was er antworten sollte, denn er hatte noch nie geraucht, aber es interessierte ihn sehr, wie es schmeckte. Zudem wollte er die gute Stimmung nicht verderben und nahm höflich an. Maxim zündete ihm mit einem Streichholz den Tabak an und Nathan fing sofort an zu husten.

Verwundert über Nathans Husten fragte Maxim zynisch:

„Noch nie geraucht?"

„Die erste seit langer Zeit, entschuldigen Sie bitte."

Nathan verschwieg Maxim die Wahrheit, da er nicht unerfahren wirken wollte.

Die Serviertochter brachte die Bestellung und Nathaniel trank schnell einen Schluck vom Bier, um seinen gereizten Hals zu befeuchten.

Maxim übernahm die Kosten der Getränke und Nathan bedankte sich bei ihm dafür.

„Um auf Ihre Frage zurückzukommen, Monsieur Lefort, sehen Sie sich doch all die Menschen hier im Gasthaus an. Sie haben alle kurze Ketten und ich bin überzeugt, sie sind nicht fähig, sie länger werden zu lassen. Sie brauchen, wie schon gesagt, gescheite Mitstreiter."

„Was macht Sie da so sicher?", sagte Maxim während er sein Glas leertrank.

„Vor ungefähr einer Stunde hat hier noch ein hochmütiger Mann eine Rede gehalten. Was er sagte, war nicht schlecht und alle in diesem Raum, ausser ich, verschworen sich mit ihm. Man hatte das Gefühl, dass wirklich etwas im Gange war. Es war ein Hauch von Rebellion zu spüren, jedoch, keine fünf Minuten später, stürmten königliche Truppen den Raum und verhafteten den Redner. Genau zu diesem Zeitpunkt änderte sich die Stimmung schlagartig. Alle bekamen Angst um ihren eigenen Leib und der kleine Hauch einer Rebellion in ihnen verschwand. Solche Leute können nichts bewegen, auch wenn sie gute Ideen haben. Sie brauchen eine gute Führung, Monsieur Lefort."

„Ich verstehe, da mögen Sie recht haben. Es ist schon spät geworden und es ist niemand mehr da. Ich glaube es ist schon fast Sperrstunde, so grimmig wie uns die Serviertochter nun anschaut. Kommen Sie, wir trinken noch etwas bevor wir gehen."

Nathan leerte seinen Krug und bestellte noch einmal einen Liter Bier, sowie ein weiteres Glas Wein für Maxim.

Zehn Minuten später standen die beiden Männer mit Mühe auf und liefen aus dem „Chez Alphonse" in das verregnete Paris heraus. Vor dem Lokal blieben sie noch kurz stehen.

„Wo wohnen Sie eigentlich?", fragte Nathan.

„Ehrlich gesagt, weiss ich es im Moment selbst nicht, denn dort wo ich normalerweise nächtige, bin ich momentan, so glaube ich, nicht erwünscht."

„Wieso denn nicht?"

„Ich wohne bei einem alten Freund von mir, doch heute hatten wir eine kleine Auseinandersetzung. Ich habe mich über sein Essverhalten beschwert, da er gegessen hat wie ein Schwein. Er hat sich vollgefressen und das Essen nicht genossen. Ich finde, man sollte dankbar sein, dass man überhaupt etwas zu essen hat in dieser elenden Zeit."

„Da haben Sie recht. Ich habe zwar nicht viel Platz, aber eine Person könnte ich noch unterbringen. Möchten Sie diese stürmische Nacht bei mir verbringen?"

„Da wäre ich Ihnen sehr dankbar."

Sie machten sich auf den Weg in Richtung Nathans Wohnung, welche sich südlich der Seine an der Kreuzung zwischen der Rue St. André des Arts und der Rue des Augustines, befand. Das Chez Alphonse hingegen stand nördlich des Flusses. Sie mussten dementsprechend südwärts laufen. Zunächst durchliefen sie einige Gassen, welche völlig leer waren. Nur alle achthundert Fuss stand eine Strassenlaterne, welche ihnen den Weg leuchtete und Orientierung verschaffte. Der Regen wurde stärker. Nach einer Weile gelangten die beiden zur Pont Neuf, einer Brücke über die Seine, die den Norden und den Süden von Paris verband. Als sie am südlichen Ende angekommen waren, bog Nathan links in den Quai des Augustines ab und Maxim folgte ihm torkelnd. Die beiden redeten sehr laut und einige Bewohner wurden dadurch geweckt. Etwa in der Mitte des Quais angelangt, bemerkte Maxim einen kleinen Aussichtspunkt am Strassenrand, welcher einen schönen Blick über die Seine bot. Sofort eilte Maxim dorthin und betrachtete in seinem Rauschzustand fasziniert die fliessende Seine. Nathan fiel sofort auf, dass sich Maxim nicht voll und ganz unter Kontrolle hatte. Der betrunkene Maxim stimmte in seiner Fröhlichkeit das Volkslied *Sur le Pont d'Avignon* an und besang lauthals ganz Paris mit dem Lied aus seiner Heimatstadt. Nathan befürchtete schon das Schlimmste und eilte seinem Gefährten zu Hilfe. Maxim fing immer stärker an zu wackeln und verlor schliesslich das Gleichgewicht. Im letzten Moment konnte ihn Nathan festhalten und auf festen Boden ziehen. Maxim wäre ansonsten in die Seine gestürzt und sehr wahrscheinlich ertrunken.

Maxim sowie auch Nathan waren schockiert und schwiegen einen Augenblick. Maxim atmete durch, bis er schliesslich sagte: „Ich danke Ihnen. Ohne Sie wäre ich vermutlich ins Wasser gefallen."

„Maxim, Sie müssen besser aufpassen."

„Sagen Sie, Monsieur, finden Sie es nicht seltsam sich die ganze Zeit der Höflichkeit wegen zu siezen?"

Nach diesem Satz reichte Maxim seinem Retter die Hand und stellte sich als Maxim vor.

Nathan willigte sofort ein und sagte, dass Maxim ihn Nathan nennen könne.

Durchnässt traten sie in die Wohnung ein und Nathan begann zu schreien. Er erkannte sofort, dass der alte, kranke Mann von seinen Leiden befreit war. Er lag regungslos da und hatte die Augen offen. Sein Körper war eiskalt und bleich. Der ganze Raum stank ätzend. Nathan kniete an den Bettrand und vergoss eine Träne. Er war sich sicher, dass Albert tot war und schloss ihm gefühlvoll die Augen. Dieser Tag hatte kommen müssen, dachte er sich, doch wieso genau heute? Auch Maxim kam vom Nebenraum in das Zimmer. Sofort hielt er sich die Nase zu. Er konnte seinen Augen nicht trauen. Leise fragte er Nathan:

„Ist das dein alter Freund?"

Nathan nickte. Maxim legte Nathan eine Hand auf die Schulter.

Nach diesem Schweigemoment fragte Maxim:

„Nathaniel, was willst du unternehmen?"

Dieser antwortete leise:

„Er hat mir immer gesagt, dass er nicht beerdigt werden will. Sein Wunsch war es, zusammen mit seinem Lieblingsbuch in die Seine geworfen zu werden."

„Willst du das jetzt tun?"

„Ich bin es ihm mehr als schuldig. Dieser Mann hat mich aus dem Elend gezogen."

Im Morgengrauen warfen die beiden Freunde die Leiche von Albert Clément in die Seine.

Auf der Kathedrale (Avaritia)

„Nathan, wie geht es dir?"

„Den Umständen entsprechend gut. Ich bin froh, dass du bei mir bist in dieser schwierigen Zeit. Ich habe in ein und derselben Nacht einen Freund gewonnen und einen verloren."

„Ironie des Schicksals, schätze ich."

Die beiden lächelten und die Stimmung lockerte sich ein wenig.

„Hier dein Kaffee, Maxim."

„Merci mon ami."

„Ich habe auch schon eine wichtige Person in meinem Leben verloren. Ich kann nachvollziehen, wie du dich fühlst."

„Wen, wenn ich fragen darf?"

„Als ich noch ein kleiner Junge war, habe ich meinen Vater verloren. Er wurde ermordet."

„Das tut mir leid. Bei mir ist es nicht anders, meine Eltern haben bei einem Unwetter ihr Leben gelassen."

„Dies tut mir leid, mein Freund."

„Hör mir zu Maxim, ich muss jetzt in die Bücherei gehen und sie zum Verkauf ausschreiben."

„Möchtest du sie nicht behalten?"

„Nein, zu viel dort erinnert mich an Albert."

„Soll ich mitkommen? Ich glaube, die frische Luft würde mir gut tun.

„Ja, sehr gerne."

Die beiden bärtigen Männer zogen ihre Mäntel an, denn draussen kam der Herbst allmählich in die Stadt.

„Bist du eigentlich von Paris?"

„Nein, geboren und aufgewachsen in Avignon. Später zog ich nach Lyon, bis mich mein Schicksal schliesslich hierher geführt hat. Und du?"

„Ich wurde in Domme geboren, südwestlich von Paris. Das ist ein schönes, kleines Dorf."

Nathan wurde durch Alberts Tod stark geprägt, weshalb er beschlossen hatte, die Bibliothek zu verkaufen.

„Was ist eigentlich mit deinem Freund, bei dem du wohnen würdest? Meinst du nicht, dass du dich bei ihm melden solltest?"

„Ich weiss nicht. Findest du, ich habe übertrieben?"

„Kann sein, vielleicht ein wenig. Ich kenne ihn ja nicht und dich auch noch nicht so gut. Ich würde mich irgendwann mal bei ihm melden."

„Ja womöglich hast du recht."

Die beiden blieben stehen und bemerkten, wie die Blätter der Bäume farbiger wurden. Die Vögel flogen südwärts und ein kalter Wind wehte durch die Gassen der Stadt. Einige Clochards waren auf der Suche nach einem wärmeren Unterschlupf. Die Bibliothek war nicht weit von Nathans Wohnung, sie befand sich ebenfalls in der Rue St. André des Arts. Sie befand sich am Ende der Strasse, westlich von der Wohnung. Sie standen vor der Wohnung auf der Strasse und ein Clochard kam direkt auf sie zu. Er hatte einen sehr langen Bart und trug Lumpengewänder. Sein Gestank war fürchterlich, sodass sich die beiden Freunde die Nase zuhalten mussten. Er hatte keine Schuhe an und seine Füsse waren verwundet. Er fragte die zwei:

„Haben Sie Unterschlupf für mich, meine Herren? Ich bin ein ehrlicher Mann und Bäcker gewesen, bis ich die immensen Steuern nicht mehr bezahlen konnte. Die königlichen Truppen haben mich auf die Strasse geworfen und mir alles weggenommen. Ich habe jetzt nichts mehr."

Nathan hatte, da er wusste, wie es war auf der Strasse zu leben, Mitleid mit dem Mann und gab ihm zwei Sous.

„Kauf dir ein Brot damit. Unterschlupf kann ich dir leider nicht bieten, wir haben selbst fast keinen Platz."

„Ich danke Ihnen, werter Herr. Gott möge Sie schützen."

Nathan sagte zu Maxim:

„Siehst du, was der König alles anstellt? Das ist wieder typisch. Hart arbeitende Leute werden aus dem Leben gerissen. Wenn das so weitergeht, schadet sich der Monarch nur selbst!"

Nach diesem Ereignis liefen die beiden die Strasse herunter, bis sie bei der Bücherei ankamen. Sie traten ein und sofort wurde Nathan wieder ein wenig melancholisch. Er hatte die Zeit mit Albert immer sehr genossen und geschätzt. Maxim gefiel das Geschäft und er betrachtete interessiert die Bücher. Nathan schrieb mit der Feder auf ein Stück Pergament „à vendre" und schlug schweren Herzens das Papier mit einem Nagel an die Eingangspforte. Daraufhin sagte er zu Maxim:

„Allez, komm wir gehen weiter. Ich halte es hier nicht länger aus."

„Wo willst du hin?", entgegnete sein Gefährte.

„Ich weiss es noch nicht, aber einfach weg von hier."

Die beiden verliessen das Geschäft und sie liefen in Richtung Pont St. Michel. Auf der Brücke beobachteten sie, wie eine Frau von königlichen Truppen herumgeschubst und belästigt wurde. Die Männer schrien, dass ihr Mann die nächsten Tage nicht überleben würde, wenn sie nicht zahlen würde. Die Frau weinte und war am Boden zerstört. Maxim und Nathan waren geschockt und liefen schneller, um den Truppen nicht unnötig in die Quere zu kommen. Auf der anderen Seite angekommen orientierten sie sich neu. Es windete weniger stark. Nathan sagte Maxim, dass er in die Notre-Dame gehen wollte, um eine Kerze für Albert anzuzünden. Maxim war einverstanden. Ohne Halt liefen die beiden nun zur riesigen Kathedrale. Sie waren erstaunt über die grösste Kathedrale von Paris. Maxim hatte dieses Gotteshaus schon immer aus der Nähe betrachten wollen und war jetzt mehr als beeindruckt von den zwei Kirchtürmen und dem markanten, runden Fenster in der Mitte. Auf dem Vorplatz waren viele Leute, es herrschte reges Treiben. Offensichtlich war gerade eine Messe vorbei, da viele Menschen aus der Kirche strömten. Auch eine Gruppe von Nonnen war zu sehen. Nathan erkannte anhand ihrer Schleier, dass es keine Benediktinerinnen waren. Zigeuner bettelten und Wahrsager waren auf der Suche nach Kundschaft. Maxim und Nathan liefen durch die Menschenmasse direkt zum Eingangstor. Drinnen waren nur noch wenige Leute. Die beiden Freunde liessen den Raum auf sich wirken.

„Was für eine architektonische Meisterleistung!", sagte Maxim.

Nach einer Weile bemerkten sie, wie staubig die Luft hier drinnen war. Sie waren auch etwas enttäuscht, dass es so unordentlich und dreckig war. Rechts vom Altar standen die Kerzen. Nathan lief geradewegs dort hin, während Maxim vorne beim Altar stehen blieb und die Kirche genauer betrachtete. Er beobachtete auch, wie Nathan für einen Sous eine Kerze kaufte und sie anzündete. Der Trauernde schloss die Augen und betete für Albert, doch Maxim konnte nicht verstehen, was er murmelte. Als er sich weiter umschaute, sah Maxim eine Treppe, welche auf einen der beiden Türme führte. Er war neugierig und wollte unbedingt einmal die Stadt von oben betrachten. Er rief zu Nathan:

„Ich geh mal hinauf. Wenn du mich suchst, ich bin oben."

Nathan antwortete nicht, denn er war tief in seinen Gedanken versunken und im Zwiegespräch mit Albert, von dem er sich noch einmal richtig verabschieden wollte, folgte er Maxim über die Wendeltreppe auf den Turm hinauf. Der Aufstieg war hart und mit jedem Schritt wurde die Luft kühler, trotzdem rannen einige Schweissperlen über Nathans Gesicht. Am Ende des Weges war Nathan sehr erschöpft und musste kurz durchschnaufen. Er sah Maxim, wie er, eine Pfeife rauchend, am Rand der Plattform stand und den Ausblick über die Stadt genoss. Der Horizont war rot und der Himmel klar. Es war ein atemberaubender Anblick. Neben Maxim waren die berühmten Wasserspeier aus Stein zu sehen, welche an der Fassade angebracht waren. Maxim bemerkte Nathan, als dieser zu ihm trat und sagte:

„Sieh dir doch diesen wunderschönen Ausblick an! Willst du auch einen Zug?"

Nathan antwortete:

„Ja gerne. Das ist wirklich wunderschön, so etwas habe ich selten gesehen."

„Nathan, mein Freund, wir müssen reden. So kann es nicht weitergehen. Diese schöne Stadt hat viel mehr verdient als diesen widerlichen Monarchen. Ich möchte nicht, dass wir im Elend untergehen."

„Du hast recht. Wir müssen etwas unternehmen, aber was?"

Nathan nahm nochmal einen Zug und hustete dieses Mal ein wenig.

„Hör mir zu, Nathan. Mein Vater wurde von königlichen Truppen ermordet. Er und mein anderer Freund, bei dem ich eigentlich im Moment wohne, haben vor einigen Jahren eine kleine Rebellionstruppe in Avignon angeführt. Wir sind nicht die einzigen, Nathan! Hast du nicht auch manchmal das Gefühl, dass du für etwas Grösseres bestimmt bist? Du siehst ja das Elend jeden Tag, an jedem Ort, überall in Frankreich. Wenn wir uns irgendwie zusammenschliessen, dann können wir, ähnlich wie mein Vater auch, eine Gruppe im Untergrund führen, verstehst du? Ich habe in den letzten Tagen gemerkt, dass ich nicht nur zuschauen und warten, sondern endlich etwas unternehmen will!"

„Wie stellst du dir das denn vor? Wir können doch nichts verändern! Dein Vater ist ja auch gescheitert."

„Mein Vater war ein Ehrenmann und ist nicht umsonst gestorben! Wenn jeder denken würde wie du, dann würde nie etwas passieren."

„Ich weiss nicht so recht. Jetzt sag es mir, wie stellst du dir das denn genau vor?"

„Mein Freund, bei dem ich eigentlich wohne, heisst Pierre. Er war damals auch ein Mitstreiter der Rebellen von Avignon. Er kann uns sicher weiterhelfen, ausserdem möchte ich mich sowieso bei ihm entschuldigen, denn ich habe bei unserem Essen überreagiert."

„Also, gehen wir zu Pierre?"

„Ja. Du hast ja jetzt in absehbarer Zeit nichts mehr zu tun, da du die Bücherei verkaufst. Und was mich angeht, ich werde meine Kaufmannsausbildung nicht fortführen. Zu stark ist mein Wille und Ehrgeiz die Veränderung herbeizuführen. Daneben einen Beruf auszuüben wäre nur ein Hindernis. Bist du dabei?"

„Oui, vive la révolution!"

Maxim lachte und wiederholte laut diesen Satz. Danach umarmten sie sich und verliessen die Kirche in Richtung Pierres Haus. Am Abend, als die Sonne schon hinter dem Horizont verschwunden war, kamen die nun zu allem entschlossenen Freunde bei Pierre an. Maxim klopfte mit zitternder Hand an die hölzerne Tür und wartete. Nach einem kurzen Moment öffnete sich die Tür...

Schüsse in St. Germain (Sanguis)

Zu Maxims Erstaunen öffnete Jacques die Tür und riss die Augen auf.

„Da bist du ja endlich, Maxim, Pierre und ich haben dich schon überall gesucht!"

„Entschuldigung. Ich war wütend und musste weggehen. Ich habe ein wenig überreagiert."

„Das musst du nicht mir sagen, sag es Pierre. Er ist drinnen. Ich muss jetzt sowieso gehen, wir sehen uns mein Freund."

Nachdem Jacques Nathan noch die Hand gereicht hatte, zog er von dannen. Nathan und Maxim traten in das schöne Haus von Pierre ein. Pierre sass am Esstisch und sah verzweifelt aus.

„Ich bin wieder da, mon ami."

Pierre drehte sich um und war sichtlich erleichtert.

„Wo warst du denn? Jacques und ich haben dich überall gesucht! Wieso bist du einfach abgehauen? Ich habe mir schon grosse Sorgen gemacht."

„Es tut mir leid. Ich hatte gestern einen schlechten Tag und war sauer. Die letzten Jahre sind nicht spurlos an mir vorbeigegangen. Ich habe gestern übertrieben und dir Unrecht getan. Du hast dich immer um mich gesorgt. Ich bin dir sehr dankbar."

„Ist schon in Ordnung. Ich habe mich ja ebenfalls nicht so höflich benommen, aber mach das bitte nie wieder."

„Ah, übrigens, das ist mein neuer Freund. Er heisst Nathaniel. Er hat mir letzte Nacht Unterschlupf gewährt. Ich habe ihn in einem kleinen Gasthaus kennengelernt, dem Chez Alphonse."

„Ah, in diesem schäbigen Lokal? Das kenne ich sehr gut. In meinen ersten Jahren, als ich in Paris war, habe ich viel Zeit dort verbracht."

Nathan ging höflich zu Pierre und reichte ihm die Hand.

„Es freut mich, Sie kennenzulernen. Maxim hat mir schon einiges über Sie erzählt."

„Die Freude ist ganz meinerseits. Ah ja? Ich hoffe nur Gutes. Kommt, meine Herren, wir setzen uns ins Wohnzimmer. Wollt ihr etwas trinken?"

„Non merci", antworteten die beiden fast synchron.

Pierre lief trotzdem in die Küche und setzte Teewasser auf. Die anderen beiden machten es sich auf zwei grünen Stoffsesseln im Wohnzimmer gemütlich und warteten. Nathan war beeindruckt von der riesigen Wohnung. Die Möbel sahen teuer aus und waren wunderschön. Alles war nett eingerichtet. Er bewunderte ebenfalls den grossen und auffälligen Kronleuchter in der Mitte des Zimmers.

Nach ungefähr zwei Minuten kam Pierre mit einer gefüllten Teetasse zu den beiden ins Wohnzimmer.

„Maxim, ich habe heute Morgen mit meinem Freund aus dem Porzellanladen gesprochen. Ich habe ihm von deiner Krankheit erzählt. Er verstand, wieso du die letzten Jahre nicht arbeiten konntest. Er versicherte mir jedoch, dass die Stelle in seinem Geschäft immer noch verfügbar sei. Was meinst du?"

„Ehrlich gesagt, weiss ich nicht, ob ich dieses Angebot annehmen soll."

„Wieso denn nicht?"

„Pierre, ich muss dir etwas erzählen. Nathan und ich haben uns in den letzten Stunden viele Gedanken gemacht. Es kann so mit Frankreich nicht weitergehen. Ich bin jetzt das vierte Jahr hier und habe das Gefühl, dass die Unterdrückung und die Ungleichheiten immer stärker zunehmen. Der König regiert nach Belieben. Wir können nicht mehr zuschauen und nichts tun. Wir denken, dass wir für Grösseres bestimmt sind, als einfach ein perspektivloses und langweiliges Leben zu führen. Es muss eine Rebellionsgruppe entstehen!"

Piere schaute Maxim fassungslos an und hatte den Mund halb geöffnet. Er stellte die Tasse auf den Eichenholztisch und sagte erzürnt:

„Bist du von Sinnen? Du kennst diesen Mann seit einer Nacht und schon besprichst du mit ihm solch unmögliche Themen. Was denkt ihr denn, wie das gehen soll? Hast du etwa vergessen, wieso ich nach Paris geflüchtet bin? Dein Vater musste dafür sein Leben lassen. Dir darf nicht Gleiches geschehen, dafür werde ich sorgen. Das bin ich deinem Vater schuldig! Die Ausbildung bietet dir eine Perspektive und hat erste Priorität für dich. Deine Mutter erwartet das von dir, schon vergessen?"

„Pierre! Mein Vater soll nicht umsonst gestorben sein und Nathan ist ein gescheiter Mann, dem ich von der ersten Sekunde an vertraut habe. Wir haben die gleichen Meinungen und ich habe in ihm einen guten Freund gefunden. Er wird mich nie enttäuschen, das spüre ich."

„Max, das ist sehr riskant und nicht so einfach, wie du dir das vorstellst. Die Rebellionstruppe von Avignon hat viele Jahre gebraucht, bis sie eine gewisse Grösse und somit Einfluss erreicht hatte. Man braucht viele Männer und eine gute Organisation. Ausserdem muss das Ganze immer inkognito bleiben. Bei uns ist es schliesslich auch an einem Verrat gescheitert."

Nathan ergriff das erste Mal, seit er Pierre gegrüsst hatte, wieder das Wort und gab dem alten Mann recht. Er sprach:

„Maxim, du weisst ja, dass gestern im Chez Alphonse ebenfalls ein Rebell verhaftet worden ist. Man muss stets auf der Hut sein bei einer solchen Sache."

„Pierre, bitte, mach es für meinen Vater. Es wäre Denis Wille gewesen."

„Es ist schon spät. Ich will eine Nacht darüber schlafen und ihr solltet das auch tun. Ihr könnt beide hier schlafen, wenn ihr wollt."

„Ich danke dir, mein Freund."

Nathan nickte. Die drei standen auf und gingen in ihre Schlafzimmer. Nathan schlief auf einem Gästebett in Maxims Zimmer. Sie waren todmüde.

„Hast du gut geschlafen, Nathan?"

„Ja, vorzüglich."

„Ich bin sehr froh, dass Pierre uns jetzt helfen will."

Die beiden liefen durch die Strassen und dachten an das am Morgen geführte Gespräch, denn Pierre hatte ihnen erzählt, dass er ihrem Vorhaben eine Chance geben wollte, aber er selbst wollte nicht zu stark in das Geschehen verwickelt werden.

Immer noch war sein Respekt sehr gross vor dem, was seinerzeit in Avignon geschehen war. Er hatte die ganze Nacht kein Auge zugetan. Er dachte an seinen langjährigen Freund Denis und an das, was Maxim ihm gesagt hatte. Pierre sagte den zweien, dass man als erstes eine Gruppe braucht und somit Leute anheuern muss. Er schlug ihnen ein paar Namen vor, welche womöglich auch am Vorhaben interessiert wären. Als erstes einen seiner guten Freunde namens Laurent Picard, welcher nun Tischler in Paris war. Dieser war damals ebenfalls ein Gruppenmitglied in Avignon gewesen.

„Ja ich bin auch sehr froh. Hoffentlich wird uns dieser Laurent helfen", sagte Nathan.

Pierre hatte zwar immer noch Zweifel am Vorhaben der beiden, jedoch war er froh, dass er ihnen helfen konnte. Er tat es für Denis.

Nathan und Maxim folgten der Adresse, die ihnen Pierre gegeben hatte. Laurent wohnte in der Rue Bailleul, nördlich der Seine. Sie liefen die Seine entlang, bis sie zur Pont Neuf gelangten und diese überquerten. Auf der Brücke war das Herbstwetter besonders gut zu spüren. Die gefärbten Blätter der Bäume wehten über die Köpfe der Menschen, welche über die Brücke liefen. Zwischendurch kam die Sonne zum Vorschein, doch es war nicht mehr besonders warm. Die beiden hielten in der Mitte der Brücke kurz an und schnupften ein bisschen von ihrem Tabak.

„Was machen wir eigentlich als nächstes, wenn wir alle Mitstreiter gefunden haben?", meinte Maxim plötzlich unvermittelt.

„Dann müssen wir ein Treffen organisieren und ich weiss auch schon den perfekten Ort und die perfekte Zeit dafür. Am ersten Oktober ist im Chez Alphonse das fünfzehnte Jubiläum des Gasthauses. Dies scheint mir ein ideales Ereignis für so etwas zu sein!", antwortete Nathan.

„Das ist genial! Das werden wir tun."

Sie liefen weiter und gingen die Rue de la Monnaie entlang, bis sie in die Rue Bailleul abbogen. Sie befanden sich in einer kleinen Seitenstrasse, in der nur wenige Häuser standen. Es war ein schäbiger Ort und hatte nicht viel zu bieten. Laurents Haus war das dritte auf der linken Strassenseite. Die beiden liefen zielstrebig dorthin und merkten sofort, dass sie am richtigen Ort angelangt waren, da sie laute Hammergeräusche zu Ohren bekamen. Sie wussten ja, dass Laurent Tischler war. Dennoch waren sie verwundert, dass nirgendwo das Geschäft angeschrieben war. Die Eingangstür war aus schwarzem, massivem Holz. Sofort gingen sie zum Eingang und klopften. Erst nach mehreren Anläufen verstummte das Hämmern und ein langhaariger, älterer Mann öffnete. Er hatte dreckige Arbeiterkleider an und war verschwitzt. Man konnte ihm die körperliche Anstrengung direkt ansehen. In einer Hand hielt er noch den Hammer.

„Was kann ich für Sie tun, meine Herren?"

„Sind Sie Laurent Picard?", fragte Maxim.

„Ja, der bin ich. Was wollen Sie?"

„Kennen Sie Pierre Lafayette noch?"

„Ja, was ist mit ihm? Und wer sind Sie überhaupt?"

„Ah, entschuldigen Sie bitte unser unhöfliches Benehmen. Mein Name ist Maxim Lefort und dies ist mein Freund Nathaniel Delon."

„Sagten Sie Lefort?", fragte Laurent mit aufgerissenen Augen.

„Ja genau Monsieur. Ich glaube Sie kannten meinen Vater."

Laurent schluckte einmal und atmete tief durch bis er dann stotternd sagte:

„Ja, den kannte ich. Wollen Sie nicht hereinkommen?"

„Gerne", sagte Nathan.

Zu dritt liefen sie durch Laurents Werkstatt, welche sich gerade neben dem Eingang befand, in seine kleine Wohnung. Die Werkstatt sah überfüllt und unaufgeräumt aus. Überall lagen Dinge aus Holz in den verschiedensten Grössen und Formen.

Laurent führte die beiden Gäste in sein dunkles Wohnzimmer, welches nur ein kleines und kaputtes Fenster aufwies und ebenfalls unordentlich und dreckig aussah. Es war eine bescheidene Einrichtung und man merkte, dass Laurent ein unorganisierter Mensch war. In der einen Ecke schlief ein dicker, kleiner Mops, der so aussah, als sei er dem Tod sehr nahe. Laurent bot den Gästen nichts an und kam sofort zur Sache. Den beiden Freunden fiel schnell auf, dass Laurent, seit ihm Maxims Nachname bekannt war, einen unsicheren und nervösen Eindruck machte. Er lief hektisch herum und versprach sich oft.

„Nun, was bringt den Sohn meines alten Freundes und dessen Gefährten zu mir?"

Nathan und Maxim schauten sich kurz an und überlegten, wer das Wort ergreifen sollte, bis schliesslich Nathan sagte:

„Sie könnten uns bei einem Vorhaben von Maxim und mir unterstützen."

„Was für ein Vorhaben?"

„Sie waren doch damals mit meinem Vater in einer Gruppierung in Avignon tätig, erinnern Sie sich noch?"

Laurent fing plötzlich an, sich am Hinterkopf zu kratzen und wirkte angespannt. Er hustete absichtlich, um seine Antwort hinauszuzögern. Maxim wiederholte die Frage.

„Ja, ich erinnere mich. Der Verlust deines Vaters traf uns alle sehr schwer. Was ist denn mit der Gruppe?"

Nathan ergriff erneut das Wort.

„Wie schon gesagt, haben Max und ich ein Vorhaben. Wir möchten die Gruppe neu aufleben lassen und das Leid des französischen Bürgertums beenden!"

Laurent starrte die beiden mit einem angsteinflössenden Gesicht an und begann nach einem kurzen Schweigemoment krankhaft und laut zu lachen, so dass der Hund aufwachte. Nathan und Maxim schauten sich verwundert an. Als sich Laurent beruhigte und seinen Schweiss von der Stirn weggewischt hatte, fragte Nathan:

„Was ist denn so lustig an dieser Idee?"

Laurent stand auf und sagte:

„Ist das wirklich euer Ernst? Was denkt ihr, wer ihr seid? Da kommen tatsächlich zwei Grünschnäbel, wie ihr es seid, auf die weltbewegende Idee eine Revolution zu starten, habe ich das richtig verstanden?"

Laurent lachte erneut.

Maxim war erzürnt über Laurents Spott und sagte zu Nathan:

„Komm Nathan, wir gehen. Dieser Mann hat offenbar den Glauben an die Gerechtigkeit verloren. Solche Männer können wir nicht gebrauchen. Unser Treffen am ersten Oktober im Chez Alphonse wird auch ohne ihn stattfinden."

Enttäuscht standen die beiden auf und liefen heraus. Laurent blieb noch nachdenklich im Wohnzimmer sitzen und vernachlässigte seine Arbeit. Gezeichnet vom Leben sass er auf dem Sofa und streichelte gedankenverloren seinen scheusslichen Hund.

Die nächsten Tage verliefen strenger, als Nathan und Maxim es sich vorgestellt hatten. Sie suchten überall in Paris, in Tavernen, auf Marktplätzen, sogar in Kirchen nach möglichen Mitstreitern für ihre Gruppe. Sie bekamen viele Absagen und es gab mehrere Leute, welche sie als verrückt bezeichneten und sie immer wieder auf die möglichen Gefahren hinwiesen, doch die beiden gaben nicht auf. Einzig Jacques war mehr als überzeugt von der Idee und wollte mitwirken. Nathan erinnerte sich an den Spruch, den ihm der Mönch im Chez Alphonse vor geraumer Zeit mit auf den Weg gegeben hatte. Man sollte immer seinem Pfad folgen, denn das würde den Sinn des Lebens ausmachen. Sie schafften es, nachdem sie hartnäckig auf Pierre eingeredet hatten, schliesslich sogar, dass dieser bereit war, Nathan und Maxim bei der Suche zu helfen.

An einem bewölkten Nachmittag liefen sie zu dritt durch Paris. Auf einem grossen Markplatz im Faubourg St. Germain hielt ein entschlossener Mann auf einem kleinen Podium eine Rede vor einer kleinen Gruppe von Leuten. Der Mann trug ein Béret und einen zugeknöpften Mantel. Er hatte einen Schnauz.

„Hört zu, liebe Mitbürger. Es weht der Wind der Veränderung in unserem Lande! Wir haben lange genug in Unterdrückung und Ungerechtigkeit gelebt. Folget mir, wenn ihr genug vom Elend habt. Eine neue Ära hat begonnen!"

Maxim und Nathan waren erstaunt über seine rhetorischen Fähigkeiten und wussten sofort, dass sie diesen Mann brauchten. Pierre gefiel die Situation nicht so sehr und er distanzierte sich ein wenig von der Menge, während Maxim und Nathan gespannt zuhörten.

Zwischen jedem Satz des Mannes brüllte die Menge laut. Maxim und Nathan waren beeindruckt. Es war eine sehr gute Stimmung und man spürte den Willen im Volk. Jedoch währte das Gute nicht lange. Plötzlich ritten fünf bewaffnete Männer auf die Menge zu und schossen alle einmal in die Luft. Die Menschenmasse erschrak und schrie kurz auf, danach trat Totenstille ein.

Die fünf Reiter ritten im Trab nach vorne, automatisch bildete sich ein Gang in der Menschenmenge, damit die Pferde durchkamen. Gespannt beobachteten Maxim und Nathan das Geschehen. Vorne am Podium angekommen stiegen die Männer vom Ross. Sie trugen blaue Uniformen mit einem weissen Kreuz darauf. Der Sattel der Pferde war rot. Auf den Ärmeln war die Lilie abgebildet. Ihre Kleidung wurde durch einen schwarz-weissen Hut ergänzt. Ihre Gürtel waren ebenfalls blau und hielten die Gewehre. Stillschweigend lief der Anführer der Männer, den man aufgrund seiner schwarzen Handschuhe und einem zusätzlichen Revolver am Gürtel erkannte, auf das Podium zu. Er hatte schwarze, lange Haare und eine markante Narbe unter dem linken Auge. Nathan erkannte ihn sofort, es war derselbe Mann, der einige Tage zuvor Gilbert im Chez Alphonse verhaftet hatte. Pierre schaute den Mann genau an und musste überlegen, woher er ihn kannte.

Nathan flüsterte zu Maxim:

„Max, ich kenne diesen Typen! Der hat den hochmütigen Redner, von dem ich dir erzählt habe, verhaftet."

Noch bevor Maxim antworten konnte, klopfte ihm Pierre von hinten auf die Schulter, denn er wusste jetzt, wer der Mann war, und sagte leise zu Maxim:

„Maxim, ich sage es nur ungern, aber dies ist der Mörder deines Vaters! In jener Nacht habe ich mir sein abscheuliches Gesicht genau eingeprägt. Er gehört, wie du siehst, zur königlichen Garde."

Maxim kochte innerlich vor Wut, doch er musste ruhig bleiben und durfte nicht auffallen, denn wer wusste, was die bewaffneten Männer sonst mit ihnen machen würden. Es war ein seltsames Gefühl für Maxim, denn er schaute dem Mörder seines Vaters direkt in die Augen, durfte aber nichts unternehmen.

Zur selben Zeit auf dem Podium, fragte der bewaffnete Mann den erstaunten Redner:

„Wie ist dein Name?"

„Charles."

„Was veranstaltest du hier?"

„Nichts."

„Das sehe ich anders, antworte mir nicht so frech."

„Wer sollte mir meine Meinung verbieten dürfen?"

„Wer das Recht hat, im gelobten Land unseres Königs zu leben, hat sich zu benehmen."

„Welches Recht habe ich denn in einem Land, welches von einem Betrüger regiert wird?"

„Untersteh dich, du Tölpel! Du Nichtsnutz wagst es, dich schlecht über unseren Herrscher zu äussern?"

„Ich habe keinen Herrscher."

In diesem Moment zog der vernarbte Mann seinen Revolver und hielt diesen an den Kopf seines Gegenübers.

Ohne, dass es die Menge hörte, flüsterte der Anführer der Garde leise:
„Willst du wirklich, dass ich dir vor all diesen Leuten dein Leben nehme? Ich möchte, dass du jetzt den König lobst, sonst bist du ein toter Mann."
Der Redner zögerte keine Sekunde und schrie lauthals in die Menge:
„Vive la révolution!"
In diesem Augenblick löste sich ein Schuss und ein lauter Knall ertönte. Die Pferde wurden unruhig. Tauben, welche auf den Häusern standen, flogen weg. Der Redner fiel zu Boden und war auf der Stelle tot. Sein Blut floss langsam vom Podium auf den Pflastersteinboden von St. Germain, während die Menschen auf dem Platz schockiert und sprachlos waren. Nur vereinzelt hörte man Frauen und Kinder weinen. So schnell die königlichen Truppen gekommen waren, so schnell verschwanden sie auch wieder. Ohne ein einziges Wort stiegen die Männer auf ihre Pferde und ritten davon. Maxim, Nathan und Pierre konnten nicht fassen, was gerade geschehen war. Schockiert drehten sie sich um und verliessen den Platz.
„Jetzt erst recht", raunte Nathan im Weglaufen den beiden anderen zu.

Der Orden der freien Denker (Initium)

Am ersten Oktober 1776 war es endlich so weit, das Treffen, welches sich Maxim und Nathan so lange gewünscht hatten, wurde Realität. Die beiden waren schon früh im Chez Alphonse, assen zusammen mit Jacques und Pierre Abendbrot und besprachen ihre Reden. Pierre wollte nur das beste und hoffte, dass es zu keinen Ausschreitungen kommen würde. Jacques freute sich besonders, da es immer schon sein Wunsch gewesen war, so etwas zu erleben. Nach Einbruch der Dämmerung füllte sich das Gasthaus beträchtlich. Viel mehr Menschen als erwartet fanden ihren Weg an diesem speziellen Abend in das Lokal. Maxim und Nathan waren erstaunt und zugleich erfreut, dass so viele Leute ihrem Ruf gefolgt waren. Im Nu waren alle Tische belegt und viele Menschen mussten stehen. Die Stimmung war anders als an anderen Tagen, es war viel organisierter und strukturierter als sonst. Durch diese Ordnung bemerkten Nathan und Maxim erst jetzt wie schön das Chez Alphonse eigentlich war. Es war gar nicht schäbig, wenn man es genau betrachtete. Der Innenraum war zwar renovierungsbedürftig, jedoch architektonisch wundervoll gestaltet. Die Menschenmasse wartete gespannt, was sie zu sehen bekommen würden. Nathan und Maxim hatten sich für diesen besonderen Abend gute Hemden und die anständigsten Hosen, die sie hatten, angezogen. Sie waren sichtlich aufgeregt und hofften, dass nichts schief gehen würde. Ohne Wein und Bier wären sie womöglich vor Aufregung verunsichert gewesen. Punkt einundzwanzig Uhr beruhigten Nathan und Maxim die Massen und baten um Ruhe. Die beiden stellten sich in der Mitte des dunklen Raumes auf einen Tisch. Ihr Platz wurde durch Kerzenlicht speziell erhellt. Maxim ergriff das Wort und sprach laut:

„Ich heisse Maxim Julien Lefort und stamme aus Avignon. Meine lieben Freunde, heute Nacht wird Geschichte geschrieben. Ich bin sehr froh, dass ihr, meine treuen Gefährten, so zahlreich erschienen seid. Ob Mann oder Frau, ob Junge oder Mädchen, ob krank oder gesund, ob weiss oder schwarz, wir haben alle etwas gemeinsam: Wir sind Menschen. Also, wieso unterscheiden wir in Gattungen oder Klassen? Wieso hat jemand das Recht, uns in eine Schublade zu stecken? Wieso muss nur der dritte Stand Steuern zahlen, obwohl er am wenigsten besitzt? Wieso gibt es Menschen, die sich durch die harte Arbeit anderer bereichern? Wieso nur, kann ein einzelner Mensch, der nur aufgrund seiner Geburt Macht erhalten hat, über uns alle entscheiden? Meine lieben Freunde, alle diese Fragen haben auch eine

Gemeinsamkeit. Ihre Antwort ist immer: Es ist ungerecht! Wo ist nur die Gerechtigkeit hin? Meine mutigen Freunde, wir alle haben uns heute hier im wunderbaren Chez Alphonse versammelt, um einen Meilenstein zu setzen. Es muss eine Veränderung herbeigeführt werden. Ich möchte nicht in einer Welt, die durch Ungerechtigkeit bestimmt wird, weiterleben. Ich will, dass meine Kinder in einer gerechten Welt aufwachsen, die sie lieben können. Der Zeitpunkt ist jetzt gekommen um anzufangen. Wir starten die neue Ära!"

Die Menge tobte und war ausser sich, nur einzelne verliessen das Lokal. Die beiden erblickten in der Menschenmenge Laurent und waren erstaunt über sein Erscheinen. Er benahm sich, wie auch schon bei ihrem Treffen, ziemlich merkwürdig. Er kratzte sich immer wieder am Kopf und schwitzte stark. Maxim trat zurück und Nathan ergriff das Wort.

„Ich heisse Nathaniel Delon und komme vom Lande. Auch ich möchte zu euch sprechen, meine Freunde. Ich habe Tag für Tag meines Lebens geschuftet und nur wenige Sous in der Hosentasche. Ein Mann, der nie geschuftet hat, hat hingegen tausende Livres in seinem Besitz. Da frage ich mich ebenfalls, wo die Gerechtigkeit bleibt. Zusammen können wir dieses Elend beenden und etwas Neues erschaffen, etwas Gerechtes! Es ist nie zu spät für Veränderungen. Wir haben unsere eigene Zukunft in der Hand und müssen handeln. Unser Ziel wird die Revolution sein! Es gibt keine andere Lösung. Für dieses Ziel brauchen wir loyale Mitstreiter, für welche Gleichheit, Brüderlichkeit und Freiheit stets das oberste Gebot sind! Schliesst euch uns an und werdet Teil einer neuen Epoche! Jeder, der diese Idealen nicht verwirklichen will, soll jetzt den Raum verlassen!"

Niemand bewegte sich. Nathan fuhr nach ein paar Sekunden fort.

„In diesem Fall erkläre ich den Orden der freien Denker für gegründet!"

Die Menschenmasse jubelte und umarmte sich. Die Freude war grenzenlos. Einige Stühle wurden umgeschossen und Bier und

Wein flossen in Strömen. Nach einigen Minuten des Jubelns ergriff Nathan erneut das Wort.

„Ich verlange von jedem in diesem Raum eiserne Treue und Engagement mit Herzblut. Der Orden hat erste Priorität für jeden und Verrat wird nicht geduldet. Erhebt eure Hände und sprecht mir nach: *Ich, Mitglied des Ordens der freien Denker, gelobe Treue und Hingabe, bis der letzte Herzschlag des Monarchen erfolgt ist. Nie werde ich Verrat begehen und meine Brüder in Gefahr bringen.*"

Synchron sprachen die Leute Nathans Worte nach und jubelten erneut.

„Schaut hinter mich", sagte Nathan, während Jacques eine rot-blaue Flagge mit einer weissen, fliegenden Taube in der Mitte hochhielt. Darunter waren die Buchstaben O.F.D. zu sehen.

„Bald werden auch wir frei sein, wie diese Taube."

Die alte Mühle (Caritas)

Während der nächsten fünf Jahre schlossen sich immer mehr Rebellen dem Orden an. Im Untergrund war der O.F.D. ein bekannter Name und die wöchentlichen Treffen im Chez Alphonse berühmtberüchtigt. Nathan und Maxim fungierten als die wichtigsten Männer der Organisation und waren beliebt bei ihren Mitstreitern. Über die Jahre entstanden mehrere Pläne und Ideen, politische Veränderungen hervorzurufen. Daneben wurde viel diskutiert. Es gab fast aus jeder Ecke der Stadt Mitglieder des Ordens, trotzdem war für Maxim und Nathan die Zeit noch nicht reif genug zu handeln, da sie zahlenmässig unterlegen gewesen wären. An den Treffen wurde aber nicht nur über die Revolution gesprochen, sondern man versuchte auch Lösungen zu finden, wie man das derzeitige Elend der armen Menschen beseitigen könnte. Die Mitglieder des Ordens halfen sich gegenseitig aus und gaben das übrige Vermögen den Armen. Bäcker des Ordens spendeten übrige Brote an Clochards und Schneider nähten aus übrigen Stofffetzen Kleidung für die Obdachlosen. Die etwas reicheren Mitglieder gewährten zudem bedürftigen Personen Unterschlupf. Die gegenseitige Hilfe untereinander im Kampf gegen die Monarchie war dem Orden sehr wichtig.

Durch den ständigen Zuwachs des Ordens standen die Menschen bei den Treffen jetzt sogar schon auf der Strasse vor dem Chez Alphonse. Nathan und Maxim merkten, dass es in ihrem geliebten Gasthaus zu eng wurde. Ausserdem wäre ein Versteck ausserhalb der Innenstadt sowieso gescheiter, dort würde man weniger auffallen. Nach Anfrage im Orden, ob jemand einen geeigneten Ort kannte, meldete sich ein Getreidebauer, der auf dem Montmatre, einem Hügel im Norden von Paris, ein Bauernhaus besass, dessen Scheune er zur Verfügung stellen wollte. Maxim und Nathan waren begeistert und beschlossen die Verschiebung der Treffen in das Bauernhaus. Sie nannten das Bauernhaus im Orden *Die Mühle*, da es eine Windmühle besass.

Nach einem weiteren Jahr fand wieder einmal ein Treffen in der Mühle statt. Die Scheune bot genug Platz für alle Mitglieder und man hatte vorne sogar ein Podium aufgebaut. An den Wänden hingen die blau-roten Flaggen und am Boden lag überall ein wenig Heu. Das schon etwas ältere Gebäude bestand aus morschem Holz und sah nicht gerade stabil aus, was aber niemanden störte. Man war froh, einen Ort wie diesen gefunden zu haben, da er gut versteckt war und selten Menschen oder gar königliche Truppen auf dem Montmartre zu sehen waren.

„Hiermit ist unser heutiges Treffen beendet, hat noch irgendjemand irgendwelche Einwände?", fragte Maxim.

Ein dicker, kleiner Mann hob seine Hand und sagte:

„Wann ist es denn endlich so weit? Auf was warten wir denn so lange? Das Elend besteht weiterhin und nun sind wir genau das, was ihr wolltet, eine starke Gruppe. Lasst uns den gegenwärtigen Zuständen endlich ein Ende setzen!"

Die Menge fing an zu tuscheln und einzelne riefen dasselbe. Sie waren es satt zu warten.

Nathan beruhigte die Menge.

„Meine Freunde, wenn es jetzt tatsächlich der richtige Zeitpunkt wäre, dann hätten Maxim und ich es gemerkt. Seht euch doch um in den Strassen der Stadt, überall sind königliche Truppen zu sehen und von denen gibt es noch viele mehr. Wir müssen abwarten, bis wir noch mehr Macht erlangt haben und nichts den Orden stoppen kann. Ich bin es doch auch leid zuzuschauen und fast nichts zu tun, doch wer geduldig ist, der erreicht sein Ziel. Vive la révolution!"

Die Menge sprach Nathans letzten Satz nach und ging dann nach Hause. Nur noch Nathan, Maxim und Pierre waren in der Mühle.

Pierre sagte:

„Ich bin zwar beeindruckt, was ihr mit diesem Orden geschaffen habt, doch ich habe euch immer gesagt, dass es kein leichtes Unterfangen wird. Man muss geduldig sein und ihr müsst euch bewusst sein, dass der schwierigste Teil noch bevorsteht."

Maxim sagte, während er sich eine Pfeife anzündete:

„Kommt noch jemand ins Chez Alphonse? Ich brauche gerade Alkohol."

„Ja, das ist eine gute Idee", antwortete Pierre.

„Nein, ich bin müde, ich denke ich werde nach Hause gehen", erwiderte Nathan.

Zu dritt liefen sie den Hügel herunter und durch die Stadt, bis sie zum Gasthaus gelangten. Dort trennten sich ihre Wege und Nathan lief weiter südlich in Richtung seiner Wohnung in der Rue St. André des Arts. Er überquerte bei klarem Nachthimmel den Pont Neuf und beobachtete die ruhige Stadt. In der Mitte der Brücke lehnte er sich müde an das Brückengeländer und seufzte. Er hatte gemischte Gefühle und dachte über die vergangene Zeit nach. Die letzten Jahre waren sehr schnell vergangen und noch nichts hatte sich geändert. Das letzte Treffen hatte den vierzigjährigen Mann nachdenklich gestimmt. Er vermisste seine

Eltern und das Bauernleben. Es war zwar merkwürdig, doch auch Nathan erkannte, dass nur das, was man nicht besass, interessant war. Das Rauschen der Seine beruhigte ihn und er vergoss eine Träne. Der helle Mondschein spiegelte die Häuserfassaden im Wasser der Seine. Nathan war sehr tief in seinen Gedanken versunken, als er plötzlich eine zärtliche Hand auf seiner rechten Schulter verspürte.

Am gleichen Abend schlenderte in der Rue de Seine eine junge Frau mit schwarzen, langen Haaren durch die Gasse. Sie suchte ihre neue Wohnung, denn sie war frisch hierher gezogen. Die hübsche Frau zog viele Männerblicke auf sich und genoss die Aufmerksamkeit, die sie an jeder Strassenecke bekam. Sie kannte sich gar nicht in der Gegend aus und machte einen verwirrten Eindruck. Nachdem sie einen Passanten gefragt hatte, wo die Rue aux Ours zu finden sei, hatte dieser ihr gesagt, dass sie in den nördlichen Teil der Stadt gehen musste. Sie war ziemlich erstaunt, wie viel Armut auf der Strasse zu sehen war. Als es langsam dunkel wurde, überquerte sie den Pont Neuf und sah in der Mitte der Brücke einen Mann stehen, der alleine über die Brücke hinaus auf die Seine schaute. Sie ging zu ihm hin und legte ihm ihre Hand auf die rechte Schulter.

„Was tun Sie denn um diese Uhrzeit so einsam auf der Brücke?"
Nathan drehte sich um, war einen kurzen Moment perplex von der Schönheit der Frau und antwortete erstaunt:
„Ich habe Sie gar nicht kommen hören. Ich war in Gedanken versunken, bitte entschuldigen Sie."
„Das ist doch keine Ursache. Mein Name ist Lucie, verraten Sie mir auch Ihren Namen?"
„Nathaniel, Nathan werde ich genannt."
„Welch ein schöner Name. Verraten Sie mir auch, was für Gedanken Sie beschäftigt haben?"
Nathan lächelte.

„Sind Sie immer so neugierig?"

„Entschuldigen Sie bitte, aber ja eigentlich schon."

Die beiden lachten. Nathan konnte seinen Blick nicht mehr von ihren Augen wenden, sie fesselten ihn.

„Sagen Sie mir Nathan, wissen Sie, wie ich die Rue aux Ours finde? Ich bin neu in der Stadt und kenne mich noch überhaupt nicht aus."

Nathan schaute verlegen auf den Boden und sagte:

„Ja, das ist nicht weit von hier, laufen Sie ein paar Strassen aufwärts, dann gehen Sie rechts die Rue St. Denis weiter hinauf, bis Sie auf der rechten Seite ihre Strasse sehen."

„Uh, das klingt nach einem langen Weg."

„Soll ich Sie begleiten, Mademoiselle?"

„Das wäre sehr freundlich von Ihnen."

Die beiden liefen gemeinsam den Weg, den Nathan beschrieben hatte und kamen nach ungefähr einer viertel Stunde in der Rue aux Ours an.

„Welche Hausnummer haben Sie?"

„Die Fünf."

Nathan erblickte sofort das Ziel und die beiden liefen bis zum Haus, dessen Fassade weiss war. Es war ein schönes Haus und sah teuer aus.

„Wie können Sie sich denn eine so teure Wohnung leisten?"

„Das bleibt vorerst mein Geheimnis. Wollen Sie noch mit mir eintreten? Vielleicht kann ich Ihnen noch irgendetwas anbieten, aber ich fürchte meine Sachen sind noch nicht eingetroffen", sagte die Frau lächelnd und blinzelte Nathan verführerisch an. Nathan konnte nicht nein sagen und folgte der Frau ins Haus. Ihre Wohnung war im ersten Stock und sie öffnete die weisse Tür. Drinnen war es praktisch leer, nur ein Sofa, welches vermutlich noch vom alten Besitzer stammte, war im grossen Raum.

„Machen Sie es sich auf dem Canapé gemütlich, ich schaue schnell nach, ob irgendetwas in der Küche ist."

„Ist gut", sagte Nathan verlegen und setzte sich langsam auf das Sofa. Er verspürte ein leichtes Kribbeln im Bauch und wusste nicht, wie ihm geschah. Er hätte nie erwartet, dass sich an diesem Tag noch so etwas ereignen würde. Erwartungsvoll wartete er auf die Dame.

„Ich habe leider nichts gefunden", sagte sie, als sie zurückkam. Sie hatte aber, zu Nathans Erstaunen, ihren Mantel nicht mehr an und stand in einem reizvollen, weissen Hemd vor ihm. Nathans Herzschlag wurde schneller und er wischte sich seinen Schweiss von der Stirn. Aufgeregt sagte er:

„Gut, ich denke ich sollte Sie nach dieser Reise ein wenig ausruhen lassen. Ich sollte gehen."

„Aber nicht doch. Leisten Sie mir doch noch ein wenig Gesellschaft und erzählen Sie mir noch etwas von Paris", antwortete sie und setzte sich sehr nahe neben Nathan auf das Sofa. Sie fing langsam an seinen Oberschenkel anzufassen und ihre Lippen kamen immer näher an Nathans bärtige Backen.

„Ich sollte nun wirklich...", ehe Nathan seinen Satz vollenden konnte, küsste die wunderschöne Frau seine Lippen. Nathan überkam ein immenses Glücksgefühl. So etwas hatte er noch nie erlebt. Langsam griff er ihr unter ihr weisses Hemd und sie genossen die nächsten Stunden...

In der Nacht, als sie eingeschlafen war, stand Nathan leise auf und hinterliess ihr einen Zettel mit seiner Adresse. Danach lief er nach Hause. Auf dem Heimweg konnte er an nichts anderes denken als an die vergangenen Stunden. Er war wunschlos glücklich. Es war das erste Mal seit langem, dass er den Orden und alle Revolutionsgedanken vergessen hatte und einfach nur Liebe verspürte. In seiner Wohnung angekommen, sah er wie Maxim schlief. Er wollte es unbedingt seinem besten Freund erzählen, doch musste sich noch bis zum nächsten Morgen gedulden. Müde legte sich der glückliche Nathan ebenfalls schlafen und träumte von der wunderschönen Frau.

Am nächsten Morgen wachte Nathan sehr früh auf und weckte Maxim.

„Wach auf mein Freund! Wach auf! Du errätst nie, was mir letzte Nacht wiederfahren ist."

Maxim drehte sich müde um und sagte genervt:

„Kannst du mir das nicht auch noch in zwei Stunden oder so erzählen?"

„Jetzt hör mir zu! Ich habe eine Frau kennengelernt und die halbe Nacht bei ihr verbracht."

Maxim setzte sich langsam auf und schaute Nathan verwundert an.

„Im Ernst? Wie heisst sie denn?"

„Lucie. Den Nachnamen weiss ich nicht, aber sie ist wunderschön."

„Das ist ja wunderbar. Ich freue mich für dich. Wie ist es denn dazu gekommen?"

„Als ich auf dem Heimweg war, habe ich sie auf dem Pont Neuf getroffen und sie hat mich nach dem Weg gefragt. Danach bin ich mit ihr in ihre Wohnung mitgegangen. In der Nacht stand ich auf und hinterliess ihr auf einem Zettel unsere Adresse. Ich hoffe sie kommt bald vorbei."

„Das ist ja toll, aber vergiss den Orden und deine Pflichten nicht. Sei nicht blind vor Liebe, diesen Fehler habe ich vor langer Zeit mal gemacht."

„Jaja, ich weiss was ich tue."

„Komm Nathan, wir müssen noch das Protokoll vom gestrigen Treffen fertigschreiben."

„Kannst du das nicht alleine tun? Ich will noch meinen Hut in der Mühle holen gehen. Ich habe ihn gestern dort vergessen."

„Ist gut, aber beeil dich. Ich will die Arbeit nicht alleine machen."

„Jaja, ich bin bald zurück."

Nathan lief aus dem Haus und fragte sich, ob es richtig gewesen war Maxim anzulügen. Er musste jetzt alleine sein und hatte keine Lust auf Arbeit. Es war das erste Mal, dass er Maxim angelogen hatte, aber er war von der letzten Nacht so abgelenkt, dass er jetzt nichts, was mit dem Orden zu tun hatte, machen konnte. Er wollte nachdenken, weshalb er am Ufer der Seine einen Spaziergang machte.

In der Zwischenzeit begab sich Maxim an die Arbeit. Er sass an seinem Schreibtisch und fing mit dem Protokoll an. Er arbeitete tüchtig und hatte es schon nach eineinhalb Stunden fertiggestellt. Plötzlich klopfte es an der Tür und Maxim erwartete Nathan. Er lief zur Eingangstür und sagte, während er die Tür öffnete: „Nathan, wieso hast du denn so lange gebraucht?"

Doch nicht Nathan stand vor der Tür, es war eine Frau. Sekundenlang starrten sich die beiden an, bis die Frau fragte: „Maxim, bist du es?"

„Laura? Was machst du denn hier?"

Langsam begriff er die Situation. In ihrer linken Hand hielt sie ein kleines Pergament mit dieser Adresse. Maxim erkannte darauf Nathans Schrift. Die Frau, die Nathan kennengelernt hatte, war Laura und nicht Lucie, als die sie sich bei ihm ausgegeben hatte. Maxim war im totalen Gefühlschaos, er wusste jetzt, dass sein bester Freund eine Nacht mit seiner alten Liebe verbracht hatte. Er war wütend und erstaunt zu gleich. Wie hatte dies nur geschehen können? Wieso hatte das Schicksal ihm so etwas angetan?

„Seit wann heisst du denn Lucie?", fragte Maxim zynisch.

„Du kennst ihn also. Er hat es dir erzählt."

„Natürlich kenne ich ihn, er ist mein bester Freund. Lass die Finger von ihm! Du hast kein reines Gewissen! So jemanden wie dich hat Nathan nicht verdient."

„Maxim, misch dich da nicht ein! Das geht dich nichts an."

„Verschwinde jetzt!", schrie Maxim und schlug die Tür zu.

Als Nathan nach einer weiteren halben Stunde nach Hause kam, konfrontierte ihn Maxim mit dem, was geschehen war.

„Nathan du hattest Besuch."

„Ah ja? War es Lucie?", fragte Nathan aufgeregt.

„Ja, Lucie war da", sagte Maxim in einem bösen Ton.

„Was hat sie denn gesagt? Nun erzähl es mir schon!"

„Ich muss mit dir sprechen Nathan. Du wirst diese Lucie nicht mehr treffen."

„Wieso nicht? Sag so etwas nicht!"

„Vor langer Zeit, als ich noch in Lyon lebte, war ich mit dieser Frau zusammen. Sie heisst eigentlich Laura Girard und hat dir wohl einen falschen Namen angegeben. Sie ist keine ehrliche Person und hat mich damals betrogen. Ich warne dich vor ihr, mein Freund!"

„Du lügst doch nur und gönnst mir nichts. Endlich finde ich meine Schicksalsdame und du verwehrst mir mein Glück. Diese Frau macht mich glücklich, verstehst du das denn nicht?"

„Dieses Gefühl hatte ich damals auch, doch ich wurde bitter enttäuscht, bitte glaube mir!"

Nathan war sauer, er konnte nicht glauben, was Maxim ihm erzählte. Ohne zu antworten, stürmte er aus dem Haus und ging in die Rue aux Ours, um von Lucie die Wahrheit zu erfahren. Lucie erzählte Nathan, dass sie diesen Maxim bis vorhin, als sie bei ihnen gewesen war, noch nie gesehen hatte und sie mit Sicherheit nicht Laura hiess. Nathan glaubte ihr blind vor Liebe und sie küssten sich.

Schon kurz darauf zog Nathan zu Lucie in die grossräumige Wohnung in der Rue aux Ours. Maxim und er sahen sich immer seltener und stritten während der nächsten zwei Jahre stetig. Der Orden litt enorm darunter. Nathan verpasste viele Treffen und verlor immer mehr den Fokus am Geschehen. Es war Nathan viel wichtiger, Zeit mit Lucie zu verbringen, als mit seinen Mitstreitern Fortschritte in ihren Vorhaben, ein gerechtes Frankreich zu schaffen, zu machen. Der Streit eskalierte. An einem Treffen in der Mühle, an welches Nathan sogar zu spät gekommen war, stritten sich Maxim und Nathan vor allen

Leuten. Nicht mal Jacques oder Pierre konnten die beiden beruhigen.

„Ich kann nicht mehr mit einem Lügner wie dir zusammenarbeiten!", schrie Nathan.

„Dann verschwinde doch, es hält dich niemand auf. Geniesse dein Leben mit deiner Hure!", antwortete Maxim.

„Untersteh dich!"

„Ich denke nicht daran."

In diesem Moment holte Nathan zum Schlag aus. Im letzten Augenblick konnte Jacques dazwischen gehen und Nathan festhalten.

„Ich kann nicht glauben, dass du dich in den vergangenen zwei Jahren so verändern konntest. Jetzt hättest du mich sogar geschlagen! Ich will dich hier nie wieder sehen, verschwinde!"

Nathan riss sich von Jacques los und lief schnell durch die geschockte Menschenmenge hinaus. Bevor er die Mühle verliess, spuckte er auf den Boden und riss eine Flagge von der Wand.

Maxim ergriff traurig das Wort, knöpfte sich den obersten Hemdknopf auf und sprach zu seinen Mitstreitern:

„Meine Brüder, es tut mir leid, dass wir einen solchen Tag erleben müssen. Es ist eine Schande, dass mein alter Freund und ich solch eine private Auseinandersetzung hier ausgetragen haben. Dafür möchte ich mich bei euch entschuldigen. Nathan und ich gehen jetzt getrennte Wege und wir alle müssen das auch tun. Zu gross ist die Gefahr, dem Verrat ausgesetzt zu werden und ich möchte euch nicht enttäuschen. Ich muss hiermit, an diesem vierten Mai 1784 leider verkünden, dass der Orden der freien Denker aufgelöst werden muss. So traurig es mich auch stimmt, das ist die einzige Lösung. Es tut mir leid, meine Brüder."

Totenstille trat ein. Mit gesenkten Häuptern verliessen die Leute die alte Mühle und liefen vom Montmartre allmählich zurück ins verregnete Paris. Maxim verliess die Mühle als letzter und vernagelte schweren Herzens die Tür. Er zündete sich eine Pfeife an und flüsterte:

„So musste es wohl geschehen."

Genau in diesem Moment donnerte der Himmel und ein Blitz erhellte die düstere Hauptstadt.

Entführung aus dem Serail (Ars)

Während der Orden aufgelöst wurde, war Nathan schon auf dem Weg zu Lucie. Als er die riesige Treppe, welche vom Montmarte zurück in die Innenstadt führte, herunterlief, fing es stark zu regnen an. Ihm gingen viele Gedanken durch den Kopf und er fragte sich, ob er richtig gehandelt hatte. Er hätte niemals gedacht, je in einen solchen Streit mit Maxim zu geraten und ihm tat der Orden leid. Er hoffte, dass sie auch ohne ihn auskommen würden. Aber Lucie war das Wichtigste für Nathan und deshalb gab es für ihn kein Zurück mehr. Der hin und her gerissene Mann lief die Rue Montmartre abwärts, bis er auf einen grossen Platz kam. Dieser war menschenleer und man hörte jeden Regentropfen, der auf dem Boden aufprallte. Von dort aus bog er links ab, bis er in die Rue aux Ours gelangte. Lucie wartete auf Nathan und kochte ihm sein Leibgericht. Nathan war sehr hungrig und roch den Duft der Entenbrust schon im Treppenhaus. Es war eigentlich schon zu spät für das Abendessen, doch Lucie wusste, dass Nathan nach den Treffen mit dem Orden stets hungrig war, weshalb sie auch um diese Uhrzeit noch gerne etwas für ihn kochte. Nathan trat in die grosse Wohnung ein. Die Wände waren weiss und alle Stoffmöbel hellblau. Die Tische waren aus einem hellen Birkenholz. Das grosse Himmelbett, dessen Stoffe allesamt aus Seide waren, befand sich an der rechten Wand im Raum. Teure Gemälde hingen im Zimmer, eines davon gefiel Nathan sehr, die Winterlandschaft von Rembrandt. Die verschiedenen Blautöne des Himmels faszinierten ihn, er fand jedes Mal ein neues Blau im Bild. Die Landschaft und der kahle Baum in der Mitte erinnerten Nathan an Domme und an sein altes Bauernleben. Er bewunderte das Zusammenspiel der Farben und Kontraste. Plötzlich hiess es aus der Küche:

„Essen ist fertig, mon amour."

„Komme", antwortete Nathan und konnte nur schwer seinen Blick vom schönen Bild wenden.

„Was ist los mit dir? Du wirkst irgendwie niedergeschlagen."

„Ich habe mich mit Maxim zerstritten und bin nicht mehr im Orden mit dabei."

„Ich finde, das ist der richtige Schritt gewesen, mein Guter. Endlich können wir mehr Zeit zusammen verbringen und diesen Maxim konnte ich noch nie leiden. Du brauchst diese Leute nicht. Die schätzen das schöne Leben nicht."

„Du hast gut reden, du besitzt auch genug Geld für ein schönes Leben. Woher hast das überhaupt?"

„Nathan, vergiss diese Leute. Mein Geld habe ich von meinem Vater geerbt, das weisst du doch. Lass uns über etwas anderes sprechen."

Nathaniel biss genüsslich in die Ente und fragte leicht genervt:

„Und, wie war dein Tag?"

„Nicht besonders. Komm, lass uns morgen in die Oper gehen, dann kann ich dich auf andere Gedanken bringen. *Die Entführung aus dem Serail* von Mozart ist morgen in der Opéra zu sehen. Was meinst du dazu?"

„Ich habe schon vieles von diesem Mozart gehört, aber was ist denn so speziell an dem? Ausserdem war ich noch nie in der Oper."

„Er ist ein Genius! Seine Opern verblüffen mich jedes Mal aufs Neue. Ich sage dir, der wird eine Legende. Komm mit und überzeuge dich selbst. Tu es mir zuliebe."

„Das ist doch nur wieder irgendein Wiener, der denkt, er wäre speziell gut."

„Nathan, er stammt aus Salzburg. Gehen wir oder gehen wir nicht?"

„Ist gut, habe sowieso nichts zu tun."

„Sehr gut."

„Ich danke dir für das Essen, aber ich muss mich jetzt hinlegen und schlafen. Viel ist geschehen heute."

„Ist gut. Bonne nuit."

Am nächsten Tag gingen Lucie und Nathan in die Opéra. Der Adel und die oberste bürgerliche Schicht waren anwesend. Lucie hatte für Nathan am Nachmittag passende Culottes eingekauft und sie von einem Schneider anpassen lassen. Lucie selbst trug ein sehr teures Seidenkleid und blaue Strümpfe. Ihr Duft roch wunderbar. Sie hatte eines der besten Parfums Frankreichs aufgelegt, Amor und Psyche. Es wurde von der berühmtesten Parfümerie von Paris hergestellt und war sehr beliebt. Um zwanzig Uhr ging die Vorstellung los und die Menschen strömten ins Opernhaus. Nathan fühlte sich unwohl, denn er wusste, dass er nicht hierher gehörte. Zweieinhalb Stunden verbrachte er in der Oper und schlief gegen Ende des dritten Aktes sogar ein. Erst durch das minutenlange Klatschen erwachte Nathan wieder. Lucie war von der Vorstellung zu Tränen gerührt.

Nach der Aufführung liefen Nathan und Lucie Arm in Arm heraus und sahen vor der Opéra einen Blinden, der auf dem Boden sass. Er sagte, dass ihm von königlichen Truppen das Augenlicht geraubt worden sei und er Spenden sammelte. Jeder lief kommentarlos an ihm vorbei und schaute ihn verachtend an. Einige Leute spuckten sogar in seinen Bettelbeutel und lachten. Er sah sehr traurig aus und war abgemagert. Nathan hatte sofort Mitleid mit dem armen Mann und wollte ihm ein Livre geben. Er lief zu ihm hin, doch Lucie hielt ihn auf.

„Was machst du denn da? Lass doch diesen stinkenden Krüppel. Er hat unsere Aufmerksamkeit nicht verdient."

Nathan war entsetzt über Lucies Worte und hörte nicht auf sie. Er lief zum armen Mann hin und übergab ihm das Geld.

„Hier mein Freund, kauf dir Nahrung davon. Alles wird gut."

„Ich danke Ihnen, mein Herr. Sie sind zu gütig zu mir."

In diesem Moment musste Nathan an Maxim und an den Orden denken. Er vermisste diese Zeit.

„Komm jetzt endlich. Was glaubst du denn, was die anderen jetzt von uns denken?"

Lucie ergriff wieder Nathans Hand und lief geschwind mit ihm nach Hause.

Die nächsten Tage verliefen seltsam. Nathan und Lucie stritten sich oft wegen kleinen Dingen und die Harmonie zwischen den beiden verschwand allmählich. Nathan mochte Lucies Art zu leben und ihre Einstellung vielen Dingen gegenüber nicht. Nun, da er nichts mehr mit dem Orden zu tun hatte und rund um die Uhr mit Lucie zusammen war, merkte er, wie unterschiedlich sie beide eigentlich waren. Lucie war am Abend immer häufiger weg und Nathan war alleine in der grossen Wohnung. Er hatte nichts zu tun und verbrachte den Abend mit Lektüre. Eines Abends war Lucie um elf Uhr immer noch nicht zu Hause und Nathan machte sich bettbereit. Im Bad schaute er sich im Spiegel an und fragte sich, was aus ihm geworden war. Sein Bart war verschwunden, die Haare waren kürzer geschnitten und sahen gepflegter aus. Eine Pfeife hatte er seit langem nicht mehr geraucht und den Geschmack von Bier schon fast vergessen. Er schwelgte in der Erinnerung und wieder merkte er, dass nur das, was man nicht hatte, interessant war. Er fragte sich, wie es Maxim wohl ging und hoffte, der Orden würde weiterhin an Einfluss gewinnen. Nachdenklich legte er sich zu Bett und schlief ein.

Am darauf folgenden Morgen erwachte Nathan gegen zehn Uhr und sah, dass niemand neben ihm lag. Es war noch nie geschehen, dass Lucie über Nacht weg gewesen war und er fragte sich, wo sie nur war. Er wollte unbedingt mit ihr sprechen, denn die Entwicklung ihrer Beziehung verlief nicht positiv für Nathan. Er fühlte sich nicht mehr so glücklich wie am Anfang der gemeinsamen Zeit mit ihr. Trotzdem machte er sich Sorgen um seine Partnerin und hoffte, dass ihr nichts zugestossen war. Nach einer weiteren halben Stunde war Lucie immer noch nicht aufgetaucht, so dass Nathan sich entschloss sich auf die Suche zu machen. Er zog seinen Mantel an und lief durch die Strassen in der Umgebung. Er schaute in jede Gasse und auf jedem Platz nach und suchte Lucies beliebteste Lokale ab, doch er fand sie nicht. Nathan war ratlos, so etwas war noch nie zuvor passiert. Immer, wenn sie weggegangen war, hatte sie ihm ihr Ziel verraten, doch diesmal wusste er nicht, wo sie sich aufhielt. Traurig ging er zurück in die Rue aux Ours und hoffte, dass sie wieder zu Hause war. Er machte die Haustür auf und kam in den Flur. Dann öffnete er das Schloss und trat ein. Das allererste, was er erblickte, war ein Zettel, der am Boden lag. Er war wohl unter der Tür hindurchgeschoben worden. Verwundert öffnete er den Umschlag mit den Händen und fing an zu lesen.

Cher Nathan,
es bestürzt mich zutiefst, dir diesen Brief zu schreiben, doch ich muss es tun.
Die Zeit mit dir war wunderschön, doch ich habe mich in einen anderen Mann verliebt und werde, wenn du dies liest, schon auf dem Weg nach Marseille sein. Suche mich nicht, mir geht es gut. Ich möchte nur, dass du glücklich wirst und wünsche dir alles Gute für deine Zukunft. Die Wohnung kannst du behalten. Es tut mir alles so leid.
P.S. Mein wirklicher Name lautet Laura.
Lebe wohl

Nathan war schockiert und fiel auf die Knie. Jetzt wurde ihm alles klar und er merkte, dass er die letzten Jahre umsonst mit dieser Frau verbracht hatte. Er machte sich Vorwürfe und fragte, was er falsch gemacht hatte, doch er merkte schnell, dass es einzig und allein an Lucie gelegen hatte. Er hatte sich blenden lassen und nicht auf seine Freunde gehört. Auf einmal packte Nathaniel die Wut und er riss die Gemälde von den Wänden und schleuderte sie auf den Boden. Ihre Kleider zerriss er und das wertvolle Porzellangeschirr zerschmetterte er an den Wänden. An einem der zerstörten Teller schnitt er sich sogar und blutete am Finger. Er hatte noch nie in seinem Leben eine solche Wut und Enttäuschung zu gleich erlebt. Er konnte sich kaum noch kontrollieren und schlug mit all seiner Kraft eine tiefe Beule in die Holztür. Nachdem sich seine Wut etwas legte, beschloss er, seinen Kummer, nach langer Zeit, wieder einmal im Chez Alphonse in Bier zu ertränken. Er setzte sich an den hintersten Tisch und leerte ein Bierglas nach dem anderen. Bereits nach kurzer Zeit war er stark betrunken. Völlig benebelt torkelte er aus dem Lokal, denn ihm war übel. Nach dem er sich vor dem Gasthaus übergeben hatte, fiel er zu Boden. Er sah kaum noch etwas. Er hörte nur noch, wie eine Stimme von Weitem seinen Namen rief und erkannte unscharf die Umrisse einer Gestalt, die auf ihn zulief. Danach wurde alles schwarz.

Im Schlafzimmer (Placatio)

„Ah, du bist wach."
Pierre trat in das Zimmer ein und lachte.
„Pierre, wie lange ist das her?"
„Sicher drei Jahre. Du bist jetzt schon so lange mit deinem Weib zusammen."
„Ich bin wieder alleine, sie ist fort."
„Deshalb warst du betrunken, nicht wahr?"
Pierre lächelte.

„Ich muss mich bei dir bedanken. Wer weiss, was geschehen wäre, wenn du mich nicht gefunden hättest. Aber bitte, erzähl Maxim nichts davon."

„Pas de problème. Zu spät, er wartet unten auf dich. Ich musste ihm erzählen, dass ich dich gefunden habe."

„Wie geht's dem Orden?"

„Frag das am besten Maxim selbst. Ich hole ihn schnell, warte hier."

Nathan war gespannt, seinen alten Freund wiederzusehen, doch hatte auch Angst, wie dieser reagieren würde, nachdem sie sich drei Jahre lang nicht gesehen hatten. Nathan beobachtete, wie langsam die Tür aufging. Ein Mann, mit ungepflegten und leicht gräulichen Haaren trat ein. Abgemagert und gezeichnet vom Leben stand Maxim Lefort, der Mann, den Nathan vor drei Jahren das letzte Mal zu Gesicht bekommen hatte, vor ihm und grinste.

„Du hast zugenommen, alter Freund, und wo ist nur dein Bart hin?"

„Ich stand unter grossem Einfluss von Lucie, oder sollte ich besser Laura sagen."

„Das heisst, du hast es endlich begriffen."

„Ja Max, es tut mir so leid. Sie ist eine Schwindlerin. Zum Teufel mit diesem Flittchen. Sie ist mit einem anderen nach Marseille durchgebrannt und hat mich hier alleine zurückgelassen."

„Ich habe dich gewarnt und es fällt mir schwer jetzt Mitleid aufzubringen. Du hast mir gesagt, dass du weisst, was du tust."

„Da hast du recht, ich war naiv und geblendet von der Liebe. Es tut mir leid und ich hoffe, du kannst mir das jemals verzeihen, aber die Zeit ist nicht spurlos an mir vorübergegangen."

„Ich hatte auch eine harte Zeit. Vor einem Jahr ist meine Mutter dem Alter erlegen und friedlich eingeschlafen, wie ich vom Stadtpriester Avignons erfahren habe."

„Ach mein Guter, das tut mir schrecklich leid für dich. Ich hoffe, sie ist jetzt an einem besseren Ort."

„Ich danke dir, am Anfang war es nicht einfach für mich. Zudem war es auch nicht einfach ohne dich und den Orden."

„Ohne den Orden? Wie meinst du das?"

„Ah, das hast du ja gar nicht erfahren. Der Orden existiert nicht mehr. Ich wollte niemanden in Gefahr bringen, da ich nicht wusste, ob du oder sonst irgendjemand uns verraten hätte."

„Ich hätte euch doch nie verraten! Niemals."

„Ja, aber du hast damals auch geschworen, dass du nie etwas über den Orden stellen wirst und dies hast du dann trotzdem getan. Nathan, Menschen sind die unberechenbarsten Wesen dieses Planeten. Das weisst du genau!"

Nathan schwieg, er konnte nicht fassen, was er angerichtet hatte. Wegen ihm war der Orden aufgelöst worden und nun litten die armen Bürger weiterhin unter der Monarchie. In diesem Moment musste er erneut an den Clochard, der Bäcker gewesen war, an die arme Frau auf dem Pont Neuf, an den ermordeten Redner aus St. Germain und schliesslich an den blinden Bettler vor der Opéra, denken. Mit jedem zusätzlichen Gedanken bekam er ein schlechteres Gewissen. Maxim schwieg ebenfalls und schaute den nachdenklichen Nathan an. Pierre kam erneut in den Raum, brachte Nathan einen heissen Schwarztee und fragte:

„Wie geht es nun weiter?"

Maxim setzte sich langsam hin und atmete durch. Er flüsterte:

„Ich weiss es nicht. Es ist abhängig von Nathans Willen."

Nathan stand mit Mühe auf und schaute aus dem Fenster. Er beobachtete die Leute, die auf der Strasse zu sehen waren. Er sah, wie traurig, unzufrieden oder kraftlos die meisten Menschen ausschauten. Wieder kehrten die Gedanken von vorhin zurück und Gewissensbisse plagten ihn.

Mit auf die Strasse gerichtetem Blick und zitternder Stimme fragte der angeschlagene Nathaniel:

„Wie lange ist es her, dass der Orden aufgelöst worden ist?"

Maxim schaute Pierre an und antwortete:

„Unmittelbar nach deinem Austritt, in dieser stürmischen Nacht vor drei Jahren ist es geschehen."

„Schon so lange ist das her? Unglaublich. Maxim, du kannst dir nicht vorstellen, was für ein schlechtes Gewissen mich plagt."

„So leid es mir auch tut, es geschieht dir recht. Du darfst aber trotz allem nicht in der Vergangenheit verharren, wir müssen nach vorne schauen."

„Wir?"

„Ja, mein Freund", sagte Maxim lächelnd und lief auf Nathan zu. Sie umarmten sich herzlich.

„Wie in alten Zeiten, Maxim?"

„Wie in alten Zeiten!"

Dreissig Livres (Proditio)

Jacques stand vor der alten Mühle, las Zeitung und rauchte Pfeife. Die Zeitung war von heute, dem vierzehnten Juli 1789. Auf dem Titelblatt war eine grosse Karikatur von der Bastille zu sehen, dem Pariser Gefängnis. Jacques musste schmunzeln, denn da stand, dass der Sturm des Gebäudes ein erster, grosser Akt der Revolutionäre gewesen sei. Insgesamt waren mehr als neunzig Menschen gestorben. Nach der Kapitulation der königlichen Truppen, welche die Bastille verteidigt hatte, konnten die Rebellen sieben Gefangene befreien, darunter vier Urkundenfälscher, zwei Geisteskranke und den adligen Schriftsteller Marquis de Sade. Jacques war froh, dass der Angriff, den der Orden so lange während dieser zwei Jahre geplant hatte, so grosses Aufsehen erregte. Durch die enorme Medialisierung von Paris in der vergangenen Zeit, hatte der Orden seine Kommunikation und seinen Einfluss erheblich verbessern können. Jacques arbeitete mittlerweile bei einer Zeitung und konnte dort diesen Einfluss gut nutzen. Heute fand ein wichtiges Treffen des Ordens in der Mühle statt und Jacques war früh dran.

Eine halbe Stunde später waren alle Ordensmitglieder da und lauschten gespannt der Ansprache von Maxim.

„Wie ihr sicher alle in der heutigen Zeitung gelesen habt, ist nach langer Zeit ein erster grosser Schritt getätigt worden. Seht den Sturm auf die Bastille als Ursprung einer französischen Revolution an!"

Maxim konnte nicht weitersprechen, da die Menge ausser sich war und man kein Wort mehr verstand. Nathan schrie:

„Ruhe, seid still! Trotz des erfreulichen Ereignisses dürfen wir unser Ziel nicht aus den Augen verlieren. Dies ist lediglich ein Anfang gewesen. Lasst uns nun an die gefallenen Brüder denken. Ich bitte um einen Moment der Ruhe."

Nach dem Schweigemoment fuhr Nathan fort:

„Meine Brüder, ich darf euch eine weitere erfreuliche Nachricht verkünden. Unsere Taten blieben nicht unbemerkt. Man überlegt sich erstmals, in Frankreich eine Verfassung zu gestalten und den König mehr einzuschränken. Es wird eine Versammlung geben, namens *Assemblée nationale constituante*."

Jemand aus der Menge schrie:

„Geht nicht auf dieses halbherzige Angebot des Königs ein! Er will damit doch nur seine eigene Haut retten."

Ein anderer sagte:

„Denkt an unseren Schwur, wir wollen einen toten Monarchen und nicht einen eingeschränkten!"

Die ganze Menschenmenge geriet in Getuschel, kleine Gruppen bildeten sich, in denen die Neuigkeit heftig ausdiskutiert wurde.

„Beruhigt euch! Es war wichtig, einen Schritt in die richtige Richtung zu machen, anstatt immer auf der gleichen Stelle zu stehen. Geduld ist nun das wichtigste. Wir wissen auch, was unser Ziel ist und werden uns sicher nicht auf einen Kompromiss einlassen. Keine Angst, meine treuen Mitstreiter. Geht nun nach diesem erfolgreichen Tag nach Hause und ruht euch aus. Es stehen uns intensive und entscheidende Tage bevor. Vive la révolution!"

Die Menge wiederholte synchron Maxims letzten Satz und ging nach Hause. Alle waren sehr zufrieden, nur Laurent betrachtete die Entwicklung des Ordens kritisch. Sie hatten jetzt schon viel mehr erreicht, als Laurent und seine alte Gruppe damals in Avignon. Er sah, dass es immer ernster wurde und es kein Zurück mehr gab. Riesige Konflikte standen bevor und Laurent hatte grosse Angst. In ihm entstand ein ähnliches Gefühl wie damals in Avignon, kurz bevor die Truppe verraten worden war. *Oh nein, es wird zu viel. Das ist wieder dieser Gefühl wie damals in Avignon. Es darf nicht nochmal dasselbe passieren. Ich halte das nicht aus! Wieso sind alle Menschen anders als ich?*

Zwei Jahre später begab sich Laurent auf den Weg in ein teures Quartier. Die vergangene Zeit wurde ihm zu viel, er hatte keine ruhigen fünf Minuten mehr und alles erinnerte ihn an die damalige Situation in Avignon. Er konnte sich nicht mehr beherrschen, ein ihm unbekannter Trieb steuerte seine Handlungen. Laurent lief in die Rue St. Honoré, nördlich des Palais des Tuileries. Die Strasse war wunderschön und sehr gepflegt. Nur reiche und adlige Leute konnten es sich leisten, in dieser Gegend zu wohnen. Etwa in der Mitte der Strasse stand ein besonders schönes Haus, welches sein Ziel war. Vor der Tür standen zwei Wachleute, welche den verwirrten Laurent seltsam anstarrten.

„Was will ein Knecht wie du in dieser Gegend?"
„Ich muss zu eurem Anführer. Ich habe interessante Informationen für ihn."
„Was hat schon ein Nichtsnutz wie du an interessanten Informationen für uns?"
Die zwei Wachleute schauten sich gegenseitig an und lachten.
„Ruft ihn, ihr werdet schon sehen."
Die beiden schauten sich noch einmal an und merkten, dass er es ernst meinte.

„Gut, du hast zwei Minuten ihn zu überzeugen und falls du unsere Zeit verschwendet hast, wirst du es teuer bezahlen."
Laurent schaute gestört umher und kratzte sich am Hinterkopf. Binnen Sekunden stand der berühmte Anführer vor der Haustür und schrie:
„Wer wagt, es meine kostbare Zeit zu beanspruchen?"
Laurent schaute den Mann an und wusste, dass es die richtige Person war. Die markante Narbe im Gesicht hatte er über die Jahre nicht vergessen. Der Mann stand in seiner Uniform vor dem Haus und wartete ungeduldig auf Laurents Antwort.
„Kennen Sie mich nicht mehr?"
„Wieso sollte ich einen Tölpel wie dich denn kennen?"
„Erinnern Sie sich an Avignon."
Der vernarbte Mann schaute Laurent ganz genau an und realisierte, wer er war.
„Das ist unglaublich. Kommen Sie rein."
Laurent lief an den beiden Wachleuten vorbei, grinste sie an und trat in das gewaltige Haus ein. Drinnen setzten sie sich in das riesige Wohnzimmer. An den Wänden hingen tote Tierköpfe und am Boden lag teures Tierfell. Die Möbel waren alle aus dunklem Holz und sahen wertvoll aus. Ein Cheminée erwärmte den grossen Raum.
„Willst du etwas trinken oder essen?"
„Nein, ich will so schnell wie möglich wieder gehen."
Laurent war sehr nervös und zitterte am ganzen Leib.
„Was verschafft mir die Ehre, dich nach so langer Zeit hier in der Landeshauptstadt wiederzutreffen?"
Laurent sagte stotternd:
„Ich habe etwas für Sie."
„Ich bin ganz Ohr."
„Wie viel würden Sie mir zahlen?"
„Kommt ganz auf die Information an."
„Ich will dreissig Livres." Der vernarbte Mann lachte laut los und schaute Laurent verwundert an.

„Ist das dein Ernst? Dann muss es ja eine unglaublich wichtige Information sein."

„Ist es auch."

„Schiess los."

„Haben Sie schon mal etwas vom O.F.D. gehört?"

„Ich habe Gerüchte gehört, dass sie den Sturm auf die Bastille geplant hätten, doch wir konnten sie bisher noch nicht überführen. Die sind sehr gut organisiert."

„In fünf Tagen findet eines ihrer Treffen statt und ich weiss wo."

„Ja verrate es mir! Ich werde dir das Geld geben."

„Es findet auf dem Montmartre statt, in der grössten Mühle."

„Auf dem Montmartre, natürlich! Wieso bin ich nicht schon selbst darauf gekommen? Aber ich warne dich, wehe dir die Information ist falsch."

„Es stimmt, glauben Sie mir."

Der Anführer rief einen Diener, der das vereinbarte Geld bringen sollte, danach verliess Laurent mit schlechtem Gewissen das Haus. Er fühlte sich nicht gut, doch etwas in ihm hatte ihn zu diesem Verrat gedrängt. War es das Geld oder vielleicht der Ruhm, den er vom König erhalten würde. Er wusste es nicht, er wusste nur, dass er es hatte tun müssen. Er fühlte sich trotzdem mies, denn Maxim und Nathan vertrauten ihm, wie schon lange niemand mehr. Er sehnte sich nach Anerkennung, denn er hatte nie etwas Richtiges erreicht in seinem Leben und stets alleine gelebt. Die Gesellschaft war nichts für Laurent, denn er wurde in Gruppen stets missachtet.

Drei Tage später, an einem verregneten Donnerstag, bekam Laurent einen Brief vom Orden. Dies erkannte er anhand des blau-roten Siegels auf dem Umschlag. Er ahnte nicht, worum es sich handelte, denn sie hatten noch nie zuvor so kurz vor einem Treffen einen Brief erhalten. Langsam öffnete er den Umschlag und fing an zu lesen.

Meine Brüder,
dies ist eine Eilmeldung, die jedes Mitglied erreichen muss. Leider sind Nathan und ich in zwei Tagen zur Assemblée nationale législative eingeladen, müssen deshalb unser geplantes Treffen absagen und bitten um Verständnis. Wir melden uns wieder bei euch, sobald wir können. Dieser Brief ist weiterzuleiten, damit niemand unnötig beim Treffen erscheint. Bitte schreibt auf der Rückseite die Namen derer auf, denen es weitergeschickt wurde.
Salutions
Maxim

Laurent wendete das Blatt und sah eine grosse Reihe an Namen, welche den Brief schon erhalten hatten. Pierres Name stand nirgendwo. Laurents Herzschlag wurde schneller, denn dies bedeutete, dass schon eine Vielzahl der Ordensmitglieder nicht erscheinen würde und er somit den Anführer der königlichen Garde angelogen hatte. Er musste verhindern, dass noch mehr von der Absage des Treffens erfuhren. Er verbrannte den Brief in seiner Werkstatt und hoffte, dass noch einige Leute an das Treffen gehen würden.

Zwei Tage später war der Tag des abgesagten Treffens. Pierre und vier weitere Mitglieder waren pünktlich in der alten Mühle und warteten. Sie waren erstaunt, dass noch niemand ausser ihnen gekommen war. Pierre vermutete, dass irgendetwas nicht stimmte, denn Maxim und Nathan kamen sonst nie zu spät. Er hoffte, dass ihnen nichts zugestossen war. Nach einer viertel Stunde öffnete sich die Tür und Pierre hoffte, es wäre Maxim oder Nathan, doch es war zu seinem Erstaunen, jemand ganz anderes.
Vier Männer auf Pferden stürmten in die Mühle und schauten verblüfft um sich. Einer von ihnen war der vernarbte Anführer. Pierre erkannte ihn sofort, denn es war derselbe Mann, der Maxims Vater und den Redner in St. Germain ermordet hatte.

Die vier Reiter lachten und der Anführer sagte:

„Ist das der sogenannte Orden der freien Denker? Dass ich nicht lache, ihr seid ja nicht mal zehn Mann. Oh, und wen haben wir denn da? Das ist unser Bekannter aus Avignon, nicht wahr? Was für ein Zufall. Ich hätte dich damals nicht verschonen sollen, doch irgendwann bekommt jeder seine gerechte Strafe."

„Wie hast du uns gefunden?", fragte Pierre geschockt.

„Genau, wie ich es damals in Avignon geschafft habe."

„Also wurden wir wieder verraten, aber durch wen?"

„Durch die selbe Person wie damals."

Pierre dachte zurück und merkte sofort, dass da nur eine Person in Frage käme, doch noch bevor er den Namen aussprechen konnte, hatten Kugeln seinen Bauch durchdrungen. Pierre fiel langsam auf seine Knie und schaute seinen Mörder verachtend an, bis der alte Mann schliesslich zusammenklappte und starb. Die anderen Mitglieder teilten dasselbe Schicksal. Nach diesem Blutbad in der Mühle verliessen die Reiter mit den Leichen das Gebäude und hängten diese nackt vor der grossen Scheune auf einen Baum. Währenddessen sass Laurent nachdenklich in seiner dunklen Werkstatt, trank ein Glas Schnaps und zählte sein Geld.

Santé (Redemptio)

Es war ein bewölkter Tag in Paris und die Beerdigung von Pierre und den weiteren verstorbenen Mitgliedern fand auf dem Montmartre in der Nähe einer kleinen Kapelle statt. Maxim, Nathan, Jacques, die Verwandten und viele andere Ordensmitglieder erschienen, sogar Laurent war gekommen. Der Priester sprach:

„Liebe Angehörige, wir haben uns heute versammelt, um den tragischen Verlust dieser Menschen zu ehren. Lasst uns beten.

Vater unser, der du bist im Himmel,

geheiligt werde dein Name,

dein Reich komme,

dein Wille geschehe,

wie im Himmel so auf Erden,

unser tägliches Brot gib uns heute,

und vergib uns unsere Schuld,

wie auch wir vergeben unseren Schuldigern,

und führe uns nicht in Versuchung,

sondern erlöse uns von dem Bösen,

denn dein ist das Reich, und die Kraft, und die Herrlichkeit, in Ewigkeit,

Amen."

Die Trauernden waren sehr mitgenommen und viele weinten. Während der Priester weitersprach, beobachtete Nathan, wie Laurent die Menge verliess. Schon die ganze Zeit hatte er sich merkwürdig verhalten. Laurent verliess den Friedhof und eilte zu sich nach Hause, denn er hielt es nicht mehr aus. Tausende Gedanken schwirrten ihm durch den Kopf. Als er zu Hause angekommen war, suchte er in seiner Werkstatt ein strammes Seil. Hektisch durchsuchte er alle Schubladen und Schränke.

Endlich eines gefunden, soll ich, soll ich nicht? Werden sie es herausfinden? Es kann so nicht weitergehen. Irgendwann wird eine der Parteien mich drankriegen. Ich stehe zwischen den Fronten und bin in grossen Schwierigkeiten. Nun, zuerst muss ich ein schönes Plätzchen finden. Ah, da, gleich neben der Hobelbank wäre es gut, ja wirklich sehr gut wäre es da. So viele schöne Momente habe ich mit der Hobelbank verbracht, sie ist mein treuster Freund. Es ist etwas kalt hier, ich glaube ich werfe noch etwas Holz ins Feuer, damit es schön warm wird hier in der Werkstatt. Niemand wird mich vermissen, oder schon? Vielleicht die Hobelbank, aber ich werde niemanden vermissen und auf die Hobelbank kann ich keine Rücksicht nehmen, schliesslich wird sie ja nicht von zwei Fronten bedroht. Soll ich, soll ich nicht? Wieso habe ich das eigentlich getan? Laurent sag es mir! Du bist ein Verräter. Pierre war immer lieb und ein treuer Freund für dich, aber ich hasse Menschen und Pierre ist auch ein Mensch. Menschen sind Verräter, Holz mag ich viel mehr, das redet nicht so viel. Holz macht Feuer, Menschen sind kalt. Wieso habe ich nach all diesen Jahren nochmals meine Freunde verraten? Freunde? Nein, du hast keine Freunde, nur die Hobelbank mag dich, vielleicht noch der Hammer, doch sicher nicht die Menschen. Menschen sind Bestien. Aber Laurent, du bist doch auch ein Mensch. Ja, das bin ich. Alles für läppische dreissig Livres. Damit kann ich nichts anfangen, das ist ein Witz. Der Witz ist, dass du nur fünf verraten hast, du bist ein Nichtsnutz. Du hast recht, ich tauge nichts. Am besten verschwinde ich von hier. Die Welt ist immer ungerecht zu mir gewesen, zu dir doch auch? Kommst du mit? Sollen wir, sollen wir nicht? Ich hoffe, wir kommen nicht in die Hölle, was meinst du? Du schon, ich nicht. Du hast schliesslich den Verrat begangen, ich nicht.

Laurent fing an herumzuschreien und schwitzte. Schweissnass stand er auf den kleinen Stuhl bei der Hobelbank und hängte das Seil an der Decke auf. Mit konzentriertem Blick knotete Laurent die Henkerschlaufe in das Seil.

Ich muss mich nun verabschieden, Hobelbank, ich werde nicht mehr zurückkommen! Ich hoffe, du wirst weiterhin gut behandelt und kannst friedlich weiterleben.

Zitternd und des Lebens leid zog er sich die Schlaufe über den Kopf und hüpfte vom Stuhl.

Am gleichen Abend trafen sich Maxim, Nathan und Jacques zu einem Abendessen in Pierres Haus. Ihrem alten Freund zu Ehren assen sie sein Leibgericht. Nathan sprach:

„Es ist tragisch, dass wir tatsächlich einem Verrat zum Opfer gefallen sind und dass unser treuer Freund Pierre sterben musste."

Maxim entgegnete:

„Da siehst du wieder, Nathan, Menschen können sehr untreu sein. Wir wissen jedoch, dass uns jemand aus dem Orden verraten hat, denn unser Brief hat Pierre wohl nicht erreicht. Wer könnte dies gewesen sein?"

„Ich weiss es nicht. Ich hoffe, diese Person wird ihre gerechte Strafe erhalten."

Jacques unterbrach die beiden.

„Wir müssen uns wieder auf das Wesentliche konzentrieren. Mir tut Pierres Tod im Herzen weh, doch da wir verraten wurden, gibt es jetzt nur zwei Möglichkeiten. Entweder wir lassen alles sein und lösen den Orden für immer auf, oder wir handeln jetzt und stürzen den König! Mir ist letzteres sicher lieber."

Nathan und Maxim schwiegen und dachten nach. Sie überlegten sich, ob sie zahlenmässig genug wären, um erfolgreich den König zu stürzen. War der richtige Moment wirklich schon gekommen? Nach einer Weile, in der sich alle schweigend anstarrten, sagte Nathan:

„Wir tun es. Für Pierre und die Gefallenen! Es muss geschehen, es ist unser Schicksal.

„Du hast recht, Nathan. Wir wissen, dass uns viele Bürger in unserem Vorhaben unterstützen werden. Der Zeitpunkt ist reif", sagte Maxim während er sich eine Pfeife stopfte.

Jacques stand auf, erhob sein Glas und sagte:

„Für Pierre, für den Orden und für ein besseres Leben. Santé!"

Place de la révolution (Iustitia)

„Das kann ich nicht glauben, wir können nicht wieder warten und Zeit verlieren!"

Maxim war ausser sich, und verstand nicht, wie die Nationalversammlung erneut warten und den Angriff auf die Tuilerien verschieben wollte.

„Wir müssen jetzt handeln und können uns keine Trödeleien mehr erlauben! Merkt ihr denn nicht, wie stark der Wille des Volkes im Moment ist?"

Maxim sprach vor der ganzen Nationalversammlung, die in der Salle du Manège tagte und die Menge lauschte seinen Worten. Es war ein grosser, langer Raum, der auf den Seiten mehrere Reihen hatte, die alle gefüllt waren. Die Decke war gewölbt und die Fenster gross und rundlich. Durch die Sonnenstrahlen, welche den Raum erhellten, sah man den zur Decke aufsteigenden Qualm der Pfeifen. Die meisten Männer im Saal waren alt und grau, Maxim und Nathan waren die jüngsten. Der Jakobiner Georges Danton erhob sich und gab Maxim recht.

„Sie haben recht guter Mann. Wir müssen diesen Mann endlich vom Thron stossen und eine Republik erschaffen."

Nathan stand auf und sagte:

„Liebe Herren, wir müssen den Palais des Tuileries endlich stürmen und den König festnehmen!"

Die Menge fing an zu tuscheln und Unruhe entstand. Die Leute waren unterschiedlicher Meinung und kamen zunächst zu keiner Einigung. Nach heftigen Diskussionen entschied die französische Nationalversammlung schliesslich am zehnten August 1792 den Palais des Tuileries zu stürmen.

Noch am gleichen Abend verfassten Nathan und Maxim mit grosser Vorfreude gemeinsam einen Brief, der jedes Ordensmitglied über die wichtige Nachricht, die in der Nationalversammlung beschlossen worden war, informieren sollte. Bei einer späten Gutenachtpfeife auf dem Balkon sprachen Maxim und Nathan noch eine Weile zusammen.

„Ich kann nicht glauben, dass wir unser Ziel fast erreicht haben, es ist näher denn je, Max."

„Ich weiss, aber es ist noch nichts erreicht, lediglich ein kleiner Schritt in die richtige Richtung wurde heute gesetzt. Freue dich noch nicht zu sehr, der härteste Teil steht uns noch bevor."

„Das stimmt. Komm lass uns schlafen gehen, wir werden unsere Kraft in nächster Zeit noch brauchen."

„D'accord."

Mit einem guten Gefühl gingen sie schlafen und freuten sich, dass ihr lang ersehntes Ziel, nun so nah wie noch nie vor ihnen lag.

Am zehnten August waren die Strassen von Paris am späten Nachmittag voll von Leuten. Viele waren bewaffnet mit den verschiedensten Gegenständen. Einige hatten Gewehre, andere nur Heugabeln. Auch die Ordensmitglieder versammelten sich vor dem Chez Alphonse. Nathaniel und Maxim hatten je eine Pistole dabei. Die beiden Freunde trugen ein weisses Hemd und braune Hosen, dazu robuste Stiefel. Nathan fing an zu sprechen.

„Meine treuen Brüder, endlich ist es soweit. Der Tag der Entscheidung in der Geschichte Frankreichs ist nun gekommen. So lang haben wir gewartet und darauf hingearbeitet, doch nun wird unser Eifer belohnt. Steht für eure Brüder ein und helft euch gegenseitig, um den Sieg zu gewährleisten! Passt auf euch auf. Vive la révolution!"

Von allen Strassen, Gassen, Plätzen und Quais strömten Menschen in Richtung des Palais des Tuileries. Viele hielten die Tricolore oder Fackeln in die Höhe. Der König hatte gut vorgesorgt und die Schweizer Garde als zusätzliche Einheit für den Schutz organisiert. Man erkannte sie an den rot-weissen Gewändern und dem schwarzen Hut. Es dauerte nicht lange, da wurden die ersten Auseinandersetzungen zwischen den zwei Fronten ausgetragen. Man merkte, dass viele Rebellen keine Kampferfahrung hatten und der Schweizer Garde unterlegen waren. Trotzdem kämpfen sich die Rebellen langsam näher an den Palast heran. Maxim und Nathan waren ebenfalls überfordert und konnten zu Beginn nicht wirklich mitagieren. Plötzlich attackierte ein Soldat Nathan von hinten und wollte ihn mit einem Säbel erstechen. Maxim erkannte glücklicherweise die

Gefahr und schoss den Mann zu Boden. Nathan riss geschockt die Augen auf und sagte lächelnd:

„Jetzt sind wir quitt." Die beiden packte der Kampfwille und sie arbeiteten sich weiter nach vorne. Ungefähr auf der Höhe der Pont Neuf beobachteten Nathan und Maxim, wie eine Frau einem Gardisten, der auf dem Boden lag, mit einer Heugabel den Todesstoss versetzte. Es war ein absolut blutiges Gemetzel. Es wurde keine Rücksicht auf den Gegner genommen. Da einige Rebellen einen Heuwagen anzündeten, fingen ein paar Häuser an zu brennen. Die Gebäude, die an der Seine standen, fielen in sich zusammen. Einige, brennende Holzsäulen stürzten in den Fluss. Brennende Pfeile und Speere schossen aus der Distanz auf die Widerstandstruppen. Maxim und Nathan waren verblüfft, wie originell die Ideen der Rebellen teilweise waren. Brennende Leute sprangen von der Pont Neuf in die Seine. In ihren Augen war deutlich zu erkennen, dass sich die Rebellen von der Unterdrückung und grossem Elend befreien wollten. Brennende Bourbonenfahnen lagen auf dem Boden zwischen den vielen Leichen und Hühner liefen verwirrt durch die Strassen. Es zeichnete sich schon früh ab, dass die Stadt nach diesem Tage sehr verwüstet sein würde. Die Rebellen drangen weiter nach vorne und kamen bis kurz vor den Palast. Vor den Mauern standen tausende Soldaten, doch die Rebellen waren ebenfalls in grosser Zahl vorgedrungen. Die königlichen Truppen wurden immer mehr eingeengt und verloren ihre Positionen. Nur noch wenige Schweizer Gardisten, welche eigentlich den Ruf hatten, stets zuversichtliche und tapfere Kämpfer im Dienste des Königs zu sein, waren immer noch der vollen Überzeugung den Kampf gewinnen zu können. Hunderte von Leuten beider Parteien starben auf dem Place des Tuileries und die Rebellen hissten die Tricolore in der Mitte des Platzes. Nach einer Stunde des Kampfes auf dem Vorplatz schaffte es eine kleine Gruppe von Rebellen in den Palast einzudringen. Die anderen hielten auf dem Platz weiter die Stellung und kämpften gegen ihre Gegner an.

Maxim und Nathan waren draussen. Die Rebellen auf dem Vorplatz zerstörten die Monumente der alten Könige, rissen der Statue des Louis XVI den Kopf ab und zerschmetterten diesen auf dem Boden. Mit dem Blut der toten Gardisten schrieben einige Rebellen „Vive la révolution" an die Aussenwände des Palastes. Ohne Hemmungen schrieben einige sogar den Spruch „L'état c'est nous" an die Wände. Maxim konnte von der Ferne aus beobachten, wie ein Gardist von hinten auf Jacques zulief und die Waffe auf ihn richtete. Er lief geschwind zu Hilfe und schubste den Übeltäter weg. Er konnte jedoch nicht mehr verhindern, dass sich ein Schuss löste. Jacques wurde am linken Oberarm getroffen und fiel zu Boden. Maxim schlug den Gardisten mit einem Stein in das Gesicht und lief dann zu Jacques.
„Alles in Ordnung, mein Freund?"
Jacques lag benommen am Boden und flüsterte:
„Mein Arm schmerzt, doch kümmere dich nicht um mich Maxim, kümmere dich um den Kampf."
Maxim riss seinen Ärmel ab und verpasste Jacques einen Druckverband um den Arm. Jacques schrie vor Schmerzen, doch somit konnte die Blutung gestoppt werden. Der Verletzte erhob sich langsam, doch war kampfunfähig. Er hielt sich von diesem Zeitpunkt an im Hintergrund. Nathan kämpfte währenddessen gegen zwei Gardisten und erstach beide mit zwei Säbeln, die er kurz zuvor im Getümmel gefunden hatte. Schreiend fielen sie zu Boden und starben. Krähen und Strassenhunde fingen an die Innereien der Leichen zu fressen. Der Gestank war fürchterlich und übertraf sogar den widerlichen Geruch der Seine. Ein paar fanatische Rebellen steckten abgetrennte Köpfe von Gardisten auf die Zäune des Vorplatzes, andere rissen alle Pflanzen aus dem Jardin des Tuileries aus und verwüsteten die Natur. Es war ein elendiglicher Anblick, überall war Blut und es lagen Leichen am Boden wie Sand am Meer. Die Stadt war schon lange nicht mehr so verwüstet wie jetzt. Es war ein riesiger Trümmerhaufen. Die Seine färbte sich langsam rot, da man angefangen hatte, die

Toten in den Fluss zu werfen. Ratten gehörten zu den wenigen Gewinnern dieses Gemetzels, denn sie konnten sich an Kadavern laben. Als die Sonne untergegangen war und fast kein Widerstand mehr bestand, kamen die Eindringlinge wieder aus dem Palast heraus und verkündeten:

„Der König ist geflüchtet! Wir haben das ganze verdammte Schloss abgesucht, doch vom Monarchen fehlt jede Spur."

Die Rebellen waren sauer und die Menge fing langsam an sich aufzulösen, einige trauerten noch um ihre toten Freunde, doch allmählich leerte sich der Platz. Nur Maxim, Nathan und Jacques blieben noch auf dem Place des Tuileries und schauten frustriert um sich. Obwohl sie die Widerstandstruppen hatten besiegen können, war der König nicht gefasst worden und konnte flüchten. Enttäuscht schlichen sie nach Hause.

Doch die Rebellen gaben nicht auf. Drei Tage später fanden sie den König im Kloster der Feuillanten. Sofort nahmen sie ihn, seine Familie und weitere Verbündete vom Monarchen, darunter auch der vernarbte Anführer der königlichen Truppen, fest und verschleppten alle in einer Hofkarosse, die von zwei Pferden gezogen wurde, in das Pariser Quartier Temple. Dort sperrten sie den Gefangenen im Tour du Temple ein. Die Nachricht verbreitete sich schnell im ganzen Land und Nathan und Maxim machten sich auf den Weg, um ihrem grössten Feind endlich in die Augen blicken zu können. Zu zweit fuhren sie zum Tour und einige Rebellen, die dort Wache hielten, brachten die zwei Freunde zu dem Gefangenen. Zusammen mit seiner Frau Marie-Antoinette und seinem Sohn sass der gedemütigte Mann am Boden und ass ein Stück trockenes Brot. Maxim und Nathan waren erstaunt, als sie ihn zum ersten Mal erblickten, doch Mitleid konnten und wollten sie keines aufbringen.

„Wer seid ihr?", rief der gefangene König.

„Das muss dich nicht interessieren", antwortete Maxim.

„Was wagst du es, mich so frech anzusprechen. Ich verbitte mir diesen Ton."

„Ich glaube, du bist nicht in der Position, mir Befehle zu erteilen."

Vom Nebenraum ertönte eine Stimme.

„Wartet nur, bis wir hier draussen sind, dann werdet ihr alle büssen."

Maxim und Nathan schauten hinüber und erkannten den narbigen Anführer, jedoch beachteten sie ihn kaum und antworteten nicht. Die beiden waren nicht mit der Absicht zum König gekommen, um mit ihm zu sprechen, sondern wollten ihn nur in seinem Elend betrachten. Sie verspürten eine riesige Zufriedenheit und Erleichterung, denn ihr Ziel war beinahe erreicht. Endlich durchlebte der König das gleiche Elend, wie es das Volk in den letzten Jahren zuvor auch durchgemacht hatte.

„Wir sehen dich bald auf dem Place de la révolution, da bin ich mir sicher. Komm Nathan, wir gehen."

Die beiden liefen langsam wieder aus dem Kerker und hörten noch die Worte des Königs.

„Wartet! Was ist dort? Was ist das für ein Platz?"

Ohne zu antworten machten sich die beiden auf den Heimweg.

In den nächsten Wochen wurde im Nationalkonvent, der ebenfalls in der Salle du Manège tagte, heftig darüber diskutiert, was aus dem König werden sollte. Der Vorschlag, das Volk entscheiden zu lassen, wurde mit 426 gegen 278 Stimmen deutlich abgelehnt. Maxim und Nathan stimmten ebenfalls dagegen. Die Entscheidung, ob der König der Verschwörung gegen die öffentliche Freiheit und die Sicherheit des gesamten Staates schuldig sei, wurde erstaunlich knapp mit 387 gegen 334 Stimmen und nach vielen Gesprächen, angenommen. Maxim und Nathan stimmten dafür. Der Antrag, den König von der Todesstrafe zu verschonen, wurde mit 380 gegen 310 Stimmen abgelehnt. Maxim und Nathan waren froh, dass der König nun seine gerechte Strafe erhalten würde und freuten sich, dem Orden die frohe Nachricht zu überbringen.

Am Sonntag, dem zwanzigsten Januar, fand das letzte Treffen des „Ordens der freien Denker" im Chez Alphonse statt. Da ein paar Ordensmitglieder beim Kampf ihre Leben verloren hatten, war wieder für alle genug Platz im Gasthaus. Nathan sprach:

„Meine Brüder, ich bin sehr stolz auf euch. Wir stehen heute hier und haben das erreicht, was wir uns immer gewünscht hatten. Der König wird am morgigen Tage hingerichtet! Dies wurde im Nationalkonvent in einer knappen Abstimmung entschieden."

Die Menge jubelte und umarmte sich.

„Ich weiss gar nicht, was ich euch noch sagen soll, ich freue mich für Frankreich und es war mir eine Ehre, mit jedem von euch zusammen zu kämpfen!"

Maxim war zu Tränen gerührt und ergriff auch noch einmal das Wort.

„Was wir geschworen hatten, haben wir auch stets eingehalten, jedenfalls die meisten von uns", dabei schaute Maxim Nathan an und die Menge lachte.

„Ich muss deswegen leider auch verkünden, dass hiermit der Orden aufgelöst wird. Wir haben unser Ziel erreicht. Und nun feiert, meine Freunde! Seid jedoch morgen auf dem Place de la révolution ausgeruht, um den historischen Moment zu erleben!"

Maxim erhob sein Glas und schrie:

„Vive la nation!"

Am nächsten Morgen war es soweit. Der König wurde von zwei Leuten durch die Menschenmenge auf das Podium in der Mitte des Platzes geführt und musste sich grossem Spott und Hohn aussetzten. Es war ein riesiger Platz, der von hohen Gebäuden umgeben war. Das Podium bestand aus Holz und bot für knapp zehn Personen Platz. Die Guillotine stand auf einem erhöhten Kasten in der Mitte. Krähen standen in Reih und Glied auf den Hausdächern der umliegenden Gebäude.

„Du elender Bastard, endlich erhältst du deine gerechte Strafe",
schrie ein alter Mann.

„Meine Familie musste wegen dir, Teufel sterben", rief eine
weinende Frauenstimme aus den hinteren Reihen.

„Wegen dir musste mein Papa seine Bäckerei verkaufen und
brachte sich deshalb um. Fahr zur Hölle, wenn dich der Teufel,
überhaupt will", brüllte ein Kind aus der Menschenmenge.

Diverse Gegenstände flogen aus der Masse in die Richtung des
erniedrigten Monarchen.

Maxim, Nathan und Jacques standen in der ersten Reihe vor dem
Podium. Oben auf dem Podium standen der Scharfrichter Charles
Henri Sanson und ein Priester. Nachdem der König selbstständig
auf das Podium gelaufen war, brachte man auch den
Truppenanführer nach oben. Zu zweit standen sie gefesselt auf
der Bühne und beteuerten ihre Unschuld. Der König sprach zum
Volk.

„Meine Herren, ich sterbe unschuldig und bin unschuldig an all
dem, dessen man mich beschuldigt. Ich wünsche, dass mein Blut
das Glück der Franzosen kitten möge."

Zuerst wurde der vernarbte Anführer der Truppen zur Guillotine
geführt. Er musste sich ausziehen und seinen Kopf in den
Mörderapparat stecken. Der Priester las laut aus der Bibel vor.

*Der Herr ist nahe denen, die zerbrochenen Herzens sind und hilft
denen, die ein zerschlagenes Gemüt haben. (Psalm 34, 19)*

Nachdem der Priester seine Sprüche fertiggelesen hatte, rief
Sanson:

„Félix Décastel, hiermit wirst du aufgrund von Verschwörung
gegen die öffentliche Freiheit und die Sicherheit des gesamten
Staates zum Tode verurteilt."

In diesem Moment riss Nathaniel die Augen auf, dachte zurück
an den Brief seines leiblichen Vaters und sagte:

„So hiess auch mein wahrer Vater!"

Maxim riss ebenfalls die Augen auf und sagte:

„Dir ist schon bewusst, dass dieser Mann meinen Vater getötet hatte? Dein Vater ist der Mörder meines Vaters!"

Die beiden besten Freunde schauten sich entsetzt an und verpassten, wie die Klinge den vernarbten Kopf von Félix vom Leib abtrennte und dieser in den Korb fiel. Die Zeit blieb für die zwei Freunde einen Moment stehen und sie schauten sich entsetzt an. Sie merkten auf tragische Weise, dass sie noch eine weitere Verbindung mit sich trugen. Sie wussten nicht, wie sie mit der neuen Situation umgehen sollten. Die Menge jubelte und Sanson hielt den blutigen Kopf stolz in die Lüfte. Der König schaute entsetzt zu und hatte zitternde Beine. Er realisierte nun erst so recht, was ihm bevorstand. Maxim und Nathan waren immer noch erschüttert und schauten sich weiterhin geschockt an. Sie vergassen alles um sie herum.

Als nächstes musste der Monarch nach vorne treten, der noch einmal seine Unschuld beteuerte und um Gnade winselte. Schliesslich musste er sich ebenfalls ausziehen und seinen Kopf unter die Klinge setzen. Für den König hatte der Priester keine Worte und Sanson sprach:

„Louis Capet, du wirst hiermit wegen Verschwörung gegen die öffentliche Freiheit und die Sicherheit des gesamten Staates zum Tode verurteilt."

Danach zog er am Seil und die Klinge raste durch den Hals des Königs. Diesen Kopf zeigte Sanson besonders stolz in die Menschenmenge und alle jubelten. Die Monarchie war zu Ende.

Der letzte Brief (Vale)

Zwei Monate später war es in der Stadt sehr ruhig geworden. Die Nachricht der Revolution hatte sich schnell verbreitet, in ganz Europa war es zu mehreren kleinen Aufständen gekommen. Kleine Rebellengruppen wurden auf dem ganzen Kontinent gegründet. Die Politik kümmerte sich nun um die Weiterführung und neue Regierung Frankreichs, doch Nathan und Maxim zogen sich bewusst zurück. Ihr Ziel war erreicht und sie wollten ihr restliches Leben ruhiger gestalten. Ausserdem interessierte sie das machthaberische Herrschaftsbedürfnis überhaupt nicht. Sie beschlossen aus der Innenstadt auf den Montmarte in ein kleines Haus zu ziehen. Es war ein schönes, altes Haus, an dem Efeu hochwuchs und das schon lange Reparaturen benötigte. Das Haus war nicht weit von der alten Mühle entfernt und stand alleine auf einer Wiese. Sie waren umgeben von Natur. Jeden Tag gingen sie an Pierres Grab und zündeten eine Kerze an. Sie verkauften das Haus von Pierre sowie Nathans alte Wohnung und bekamen für ihr Amt im Nationalkonvent noch ein kleines Salär, wovon sie gut leben konnten. Jacques blieb in der Innenstadt und führte seine Zeitung eifrig fort, nur noch selten besuchte er Nathan und Maxim. Diese genossen ihr Leben und verfassten im Laufe eines ganzen Jahres ein Buch. Sie nahmen sich viel Zeit und widmeten sich ihrem Lebenswerk, in welchem sie ihre Erlebnisse, Eindrücke und Weltanschauungen zu Papier brachten. Sie arbeiteten fast den ganzen Tag daran und diskutierten sehr viel. Sie mochten die Ruhe und die Idylle, die sie nun Tag für Tag erlebten.

Nachdem sie das Werk vollendet hatten, sagte Maxim an einem Sommerabend, an dem sie an ihrem Lieblingsplatz sassen und den Ausblick über die ganze Stadt genossen, zu Nathan:

„Hör mir zu, Nathan. Ich werde Paris verlassen müssen. Nach diesen schönen Jahren ist für mich der Zeitpunkt gekommen, zurück nach Avignon zu gehen und dort das Vermächtnis meines Vaters weiterzuführen. Ausserdem habe ich mir schon immer eine Familie gewünscht, das weisst du ja. Mein Freund, willst du mit mir kommen?"

Nathan war überrascht über Maxims Worte und wusste nicht was antworten. Es kamen ihm, beim Gedanken nach so vielen Jahren mit Maxim getrennte Wege zu gehen, die Tränen.

„Tut mir leid mein Freund, wenn dies dein Wille ist, werden sich unsere Wege trennen. Ich möchte in Paris bleiben und versuchen die alte Bibliothek von Albert wieder zurückzukaufen. Ich will mein restliches Leben dem Bücherschreiben widmen, das ist nun meine Berufung."

Schweigend schauten sie dem wunderschönen Sonnenuntergang zu und akzeptierten, dass ein neuer Lebensabschnitt beginnen würde.

Vor Sonnenaufgang packte Maxim am nächsten Tag seine Sachen und wartete in der Rue Montmartre auf seine Kutsche. Er hatte Nathan nicht gesagt, dass er heute schon gehen würde, damit der Abschied nicht zu schwer würde, doch er hatte ihm einen Brief hinterlassen. Bei Sonnenaufgang verliess Maxim Paris Richtung Süden. Zur gleichen Zeit stand Nathan auf und fand den Brief auf dem Küchentisch. Er las:

Mein liebster Freund,

ich kann gar nicht mit Worten ausdrücken, wie schwer es mir fällt Paris zu verlassen. Ich hatte eine unvergessliche Zeit zusammen mit dir hier und werde noch meinen Kindeskindern, von all dem erzählen. Ich wünsche dir alles Gute für deine Zukunft und hoffe, dass du deine weiteren Ziele erreichen wirst. Verlege unser Buch und sende mir ein Exemplar nach Avignon. Hoffentlich sehen wir uns wieder.

Meuilleures salutations

Maxim

Nathan war sehr berührt, als er den Brief gelesen hatte. Nun würde sich sein Leben komplett verändern. Im Verlauf der nächsten Jahre konnte Nathan seine Ziele verfolgen. Auch das Buch hatte er verlegen können. Ein Exemplar davon sendete er, wie Maxim ihn gebeten hatte, nach Avignon. Es wurden einige Exemplare verkauft, wovon er seinen Lebensunterhalt gut finanzieren konnte. Nathan lebte weiterhin alleine auf dem Montmartre und arbeitete, neben seiner Tätigkeit als

Schriftsteller, tüchtig in seiner alten Bücherei, was ihm ebenfalls Einnahmen erbrachte.

Maxim verstarb zwanzig Jahre später, im Jahre 1813 an Lungenkrebs. Er hinterliess einen Sohn namens François Nathaniel Lefort und eine Frau namens Julie. Mit seiner Familie lebte er in seinem Elternhaus, wo er auch das Porzellangeschäft bis zu seinem Tode weitergeführt hatte.

Traumbrüder (Finis)

„Liebe Anwesende, wir haben uns hier und heute versammelt, um unserem geliebten Maxim Julien Lefort zu gedenken. Maxim war ein ehrlicher Mann, der stets auf seine Mitmenschen achtete."

Viele Menschen waren gekommen und François und Julie standen in der ersten Reihe vor dem Priester. Der Siebzehnjährige stand hinter der weinenden Mutter und legte ihr tröstend den Arm auf die Schulter.

„Jeder von uns weiss, was Maxim in Paris geleistet hat und wir sind stolz auf ihn und danken ihm für ein besseres Leben. Man sieht an seinem Beispiel, dass Helden oft die ersten sind, die sterben. Wir wissen aber, dass er seinen Platz im Paradies gefunden hat. Nun bitte ich noch François, seinen einzigen Sohn nach vorne, denn er möchte noch einen Spruch vorlesen.

François lief mit gesenktem Haupte zum Priester nach vorne und kehrte sich zu den Trauernden:

„Dies ist ein Spruch des heiligen Augustinus:

Trennung ist unser Los; Wiedersehen unsere Hoffnung. So bitter der Tod ist, die Liebe vermag er nicht zu scheiden. Aus dem Leben ist er zwar geschieden, aber nicht aus unserem Leben; denn wie vermöchten wir ihn tot zu wähnen, der so lebendig unserem Herzen innewohnt. Danke."

Die Menge war sehr berührt und löste sich langsam auf. Einige verabschiedeten sich noch von Maxim, andere liefen direkt nach Hause.

In der Nacht konnte François nicht schlafen, viele Gedanken gingen ihm durch den Kopf und er wollte mehr über das heldenhafte Leben seines Vaters erfahren. In seiner Neugier und grossen Trauer stand er auf und lief herunter in den Keller, denn er wusste, dass sein Vater seine alten Sachen dort aufbewahrt hatte. Schleichend lief er die quietschende Holztreppe, welche in den Geschäftsraum führte, hinunter. Seine langen, lockigen Haare schwangen im Takt hin und her. François öffnete die Kellertür und lief die schmale Treppe hinunter. In seiner linken Hand hielt er eine Kerze, damit er den Weg unfallfrei überstehen konnte. Im Keller lagen viele Kisten, kaputtes Porzellangeschirr und ein paar Gemälde herum. Es war staubig und unordentlich und François konnte sich nicht gut orientieren. Als er sich im kleinen Raum umdrehte, stiess er mit dem Ellbogen eine Kiste um, die auf anderen Kisten aufgestapelt war, und es fielen viele Bücher heraus. François hoffte, dass er dadurch seine Mutter nicht aufgeweckt hatte. Gut erzogen wie er war, räumte er sofort die entstandene Unordnung auf und legte ein Buch nach dem anderen zurück in die Kiste. Das letzte, das er in der Hand hielt, weckte seine Aufmerksamkeit, denn darauf standen die Namen Maxim Lefort und Nathaniel Delon. Der Titel des Buches war gross über die Namen der Autoren geschrieben, es hiess Traumbrüder. François war sehr erstaunt, denn sein Vater hatte ihm nie erzählt, dass er ein Buch verfasst hatte. Neugierig schlug er das Buch auf den ersten Seiten auf und fing an zu lesen.

Zufall und Schicksal:
Ob sich zwei Menschen begegnen, kann drei Gründe haben. Entweder es geschieht aus Zufall, aus Schicksal oder es ist das universelle Geschehen der Kausalität, auf die wir als Menschen

keinen aktiven Einfluss nehmen können. Die Kausalität ist ein grundlegendes Thema eines späteren Kapitels.

Was ist Zufall? Was ist Schicksal? Das sind zwei Fragen, welche die Menschen seit eh und je beschäftigen, doch die Differenzierung ist stets ein mühsames Unterfangen gewesen, wie auch wir festgestellt haben. Wir versuchten das Beispiel des Zufalls und des Schicksals anhand einer Kette von Spielsteinen zu erklären. Beginnen wir mit dem Zufall; Wir sehen den Zufall als Antwort auf ein Ereignis, welches unerwartet und unerklärbar zu deklarieren ist. Wenn etwas Unerwartetes und unter Umständen Unerklärbares geschieht, schieben es die Menschen, die immer nach irgendeiner Lösung suchen und für alles eine plausible Erklärung brauchen, auf den Zufall, denn dies ist ein natürlicher Trieb des Individuums. Der Mensch möchte nichts ungeklärt haben und will immer alles wissen, sobald er etwas nicht weiss, oder nicht erklären kann, sucht er nach einer schnellen Lösung, dies kann, entweder wie im Mittelalter mit Hilfe der Religion geschehen oder, wie schon erwähnt, beispielsweise mit dem Zufall, aber auch dem Schicksal, das wir später erläutern. Wenn man sich eine Reihe von rechteckigen Spielsteinen auf einer waagrechten Oberfläche vorstellt, könnte man den Zufall folgendermassen erklären; beim Zufall sind die Steine weit auseinander, sodass einer, wenn er umfallen würde, keinen anderen umstossen könnte. Das heisst, der Zufall ist ein einmaliges und vom restlichen Ablauf der Zeit unabhängiges Ereignis. Der Stein fällt durch das willentliche Erklären des Menschen selbst um, weil dieser eine schnellstmögliche Lösung benötigt. Es wird keine Kettenreaktion ausgelöst, da sich der Mensch mit der Antwort, dass es ein Zufall sei, zufrieden gibt.

Beim Schicksal ist es ein wenig anders. Schicksal ist ebenfalls die Antwort vieler Menschen auf ein unerwartetes oder unerklärbares Ereignis. Für uns gibt es aber einen entscheidenden Unterschied. Um diesen erklären zu können, stellen wir uns erneut das Spielsteinbeispiel vor. Diesmal sind die Steine, im Gegensatz zum

Zufall, nicht weit auseinander, sondern liegen nahe beieinander und könnten sich somit im Falle, dass einer umfallen würde, gegenseitig anstossen und eine Kettenreaktion auslösen. Dies ist der entscheidende Unterschied, denn das Schicksal ist wie eine Art Geschichte, wenn man einmal durch Schicksal in eine Geschichte gerät, befindet man sich für immer in dieser Geschichte, denn alles, was danach geschieht, ist abhängig von diesem ersten Schicksalsereignis. Wenn man also einen Stein umwirft, das heisst dem Schicksal die Schuld am Ereignis gibt, dann fallen alle anderen Steine auch um und es treten weitere Schicksalsereignisse im Leben ein. Beim Zufall geschieht dies nicht, da nur ein Stein umfällt und sich der Mensch mit der Antwort des Zufalls auf ein unerklärbares Ereignis zufrieden gibt. Im Gegensatz zum Zufall ist es beim Schicksal nicht die willentliche Erklärung des Individuums, das den Stein umstösst, sondern eine transzendente Kraft. Viele Menschen glauben, wenn ihnen etwas Seltsames passiert ist, dass es Gott gewesen oder es vorbestimmt gewesen ist.
Jeder Mensch muss nun selbst entschieden, wie er die unerwarteten und unerklärlichen Ereignisse bewertet. Wir sind beide der Überzeugung, dass es kein Schicksal gibt, sondern, dass der Mensch vom Zufall durch das Leben begleitet wird und, dass alles, was geschieht, auf Zufall basiert. Unser Treffen und somit auch die französische Revolution schauen wir als glücklichen Zufall an.

Montmarte, Paris, den dritten zehnten 1793; Maxim Lefort / Nathaniel Delon

François war sehr fasziniert von dem, was er gelesen hatte. Er hätte nie gedacht, dass sein Vater und dessen Freund, von dem dieser ihm viel erzählt und von dem er auch seinen zweiten Vornamen bekommen hatte, solch schlaue Köpfe gewesen waren. Es war mitten in der Nacht und François wurde nun doch ziemlich müde. Der vergangene Tag war ein harter gewesen und er hatte viele emotionale Momente durchlebt, weshalb er in sein

Zimmer zurückkehrte und sich in sein Bett legte. Eine Frage ging ihm nicht mehr aus dem Kopf: Wer war dieser Nathan wirklich? Lebte er noch? Er wollte ihn unbedingt besuchen. Bevor er einschlief, beschloss er nach Paris zu reisen und ihn ausfindig zu machen.

Zwei Wochen später lief François, der von seiner Mutter nach langen Diskussionen die Erlaubnis bekommen hatte, Nathaniel zu besuchen, die Rue Montmartre entlang, bis er die steile Treppe hinauflief und nach einigen Minuten vor einem alten Haus stand, welches fast vollständig mit Efeu bewachsen war, und dreimal an die Holztür klopfte.

Nach einer kurzen Wartezeit öffnete ein alter, zerbrechlicher Mann langsam die Tür. Er hatte lange, graue Haare und trug ein Monokel. Der Gehstock begleitete ihn. Es war Nathan. Die beiden schauten sich eine Weile an, bis Nathan lachte und sagte:

„Du siehst aus wie mein Traumbruder."

Herstellung und Verlag:
BoD - Books on Demand, Norderstedt
ISBN 978-3-7386-5975-7